AF389562

RECHERCHES

HISTORIQUES

SUR LES CARTES

A JOUER.

RECHERCHES

HISTORIQUES
SUR LES CARTES

A JOUER,

Avec des Notes critiques
& intéressantes,

*Par l'Auteur des Mémoires sur la
Langue Celtique.*

A LYON,

Chez J. Deville Libraire, rue Mercière,
au grand Hercule.

M. DCC. LVII.

Avec approbation & privilége.

A Monseigneur
le Marquis de Paulmy
Secrétaire d'Etat

Monseigneur,

Vous avez eu la bonté
de lire cette bagatelle litté-
raire, & de m'encourager
à y mettre la dernière
main; j'ose vous l'offrir
de nouveau : puisqu'elle a
pu servir à vous délasser

quelques momens des péni-
bles travaux du ministère,
j'ai réussi.

Je suis avec un profond
respect,

Monseigneur,

Votre très-humble
& très-obéissant Serviteur,
Bullet

AVERTISSEMENT DU LIBRAIRE.

LE loisir des Sçavans est souvent bien précieux pour les Belles-Lettres : tel est celui de M. Bullet Auteur des Mémoires sur la Langue Celtique. Ce Sçavant infatigable a consacré des momens perdus, à différentes Recherches historiques, ou Dissertations, qui ne sçauroient manquer d'exciter la curiosité de notre Nation. Nous nous proposons de les présenter successivement au Public : Sçavoir,

    I.   *Sur les Cartes à jouer.*

    II. *Sur notre Cri d'Armes,* Mont-joye S. Denis.

    III. *De l'Oriflame.*

    IV. *Du Mortier.*

RECHERCHES
HISTORIQUES
SUR LES CARTES
A JOUER.

LES CARTES font parmi nous la funeſte occupation des uns, le délaſſement de preſque tous les autres. Ce jeu faiſant ainſi une partie conſidérable de nos mœurs, j'ai cru devoir en rechercher l'origine & tâcher d'en deviner le deſſein.

M. l'Abbé le Gendre (*Mœurs des François,*) aſſure que les Lydiens ont inventé les Cartes & les Dés. Cette opinion, vraie ſi l'on veut (*a*)

(*a*) Je m'exprime ainſi parce que le récit

A

pour ce qui regarde les Dés, est fausse pour ce qui concerne les Cartes. Aucun des anciens n'en a parlé ; quoiqu'ils ne nous ayent pas laissé ignorer les moindres particularités de leur vie publique & privée. Il y a plus ; ils ont gardé sur

d'Hérodote sur lequel M. l'Abbé le Gendre a sûrement formé son opinion, me paroît suspect, même pour ce qui regarde les jeux différens des Cartes. Voici le passage de cet Historien. (*) « Sous le regne
» d'Atys fils de Manès, toute la Lydie fut
» affligée d'une grande famine, à laquelle
» les Lydiens n'opposèrent d'abord que
» leur constance, & leur assiduité au tra-
» vail. Mais la continuation du mal les
» contraignit de chercher d'autres remé-
» des, & chacun en imagina à sa ma-
» nière. Ce fut alors qu'ils inventèrent le
» jeu des Dés, celui des Osselets (**)
» celui de la Balle & toutes les autres
» espéces de jeux, à l'exception de celui
» des Dames, dont ils ne se croient pas

(*) *Édition de Lon-dres, liv. 2. page 40.*
(**) **Les** Osselets étoient une espéce de dés qui n'avoient que quatre faces.

ce jeu le plus profond silence, lors même que l'occasion de l'indiquer se présentoit naturellement. Ovide formant une jeune personne pour le beau monde, veut qu'elle sçache jouer aux Osselets, aux Dés, aux Échecs, au Trictrac, aux petites

» auteurs. Voici donc l'usage qu'ils firent
» de cette invention pour adoucir leur
» misère. Ils passoient un jour entier à
» jouer ; & cette application leur faisoit
» négliger le soin de leur nourriture,
» qu'ils remettoient au lendemain, où ils
» s'abstenoient du jeu. Ils continuèrent
» vingt-huit ans ce genre de vie : mais
» enfin le mal, au lieu de diminuer, pre-
» nant de nouvelles forces, le Roi divisa
» tous les Lydiens en deux parties, dont
» l'une fut tirée au sort pour demeurer
» dans le pays, & l'autre pour en sortir. «

1°. Il n'est pas vraisemblable que les jeux ayent pris naissance dans le sein de la misère & de la disette : ils sont ordinairement les enfans de la joie, du repos & de l'abondance. 2° L'exercice de la Balle n'est pas propre à assoupir la faim : il peut bien en suspendre le sentiment

A 2

Boules (*b*). On voit que dans le plan d'une pareille éducation, les

pour quelques heures ; mais il le rend ensuite plus vif & plus violent. 3° Le jeu des Osselets, suivant Homère, (*Iliade* 23.) étoit connu dès le temps de la guerre de Troie. L'origine des Dés est aussi ancienne ; puisque selon Sophocle, Pausanias, Pline, Cassiodore, Suidas, & Cédrénus, ils furent inventés par Palaméde. Les Lydiens ne font donc pas les inventeurs de ces jeux.

(b) *Parva monere pudet : Talorum ducere jactus*
  Ut sciat & vires , Tessera missa , tuas.
Et modò tres jactet numeros ; modò cogitet aptè
  Quam subeat partem callida , quamque vocet.
Cautaque non stultè Latronum prælia ludat :
  Unus cum gemino Calculus hoste perit.
Bellatorque sua prensus sine compare bellat,
  Æmulus & cœptum sæpe recurrit iter.
Reticuloque Pilæ læves fundantur aperto :
  Nec , nisi quam tolles , ulla movenda Pila est.
Est genus in totidem tenui ratione redactum
  Scriptula , quot menses lubricus annus habet.
Parva tabella capit ternos utrinque Lapillos ;
  In qua vicisse est, continuasse suos. Ovid.

Cartes ne sont omises que parce qu'elles n'étoient pas connues. D'ailleurs les langues Gréque & Latine, n'ont point de terme pour désigner ce jeu : preuve certaine qu'il étoit ignoré de ces peuples.

Dès les premiers siécles de l'Église jusqu'au quatorziéme, les Conciles par leurs décrets, les Pères par leurs censures, les Princes par leurs loix,

Le dernier jeu dont parle Ovide étoit appellé par les Latins *Duodena scripta.* La table sur laquelle on jouoit étoit quarrée. Elle étoit partagée par douze lignes, sur lesquelles on arrangeoit les jettons, comme on le jugeoit à propos, en se réglant néanmoins sur les points des Dés qu'on avoit amenés. On voit par-là que ce jeu avoit rapport à notre Trictrac. Le jeu des petites Boules se jouoit ainsi : on répandoit sur une table faite exprès, quantité de petites Boules très-polies, en les versant d'une espéce de petit sac de réseau. Celui qui relevoit un plus grand nombre de ces petites Boules, en les prenant l'une après l'autre sans toucher ni ébranler celles d'alentour, gagnoit la partie.

(c) proscrivent les jeux de hazard, ils nomment parmi ces pernicieux divertissemens, les Dés, les Osse-

(c) Le Concile d'Elvire en 305, (*Canon* 79.) « Nous ordonnons que les Fidéles qui » joueront de l'argent aux Dés soient pri- » vés de la communion ; sans espérance » de pouvoir être admis à la recevoir » qu'un an après, en cas toutefois qu'ils » se corrigent de ce péché. «

Le Concile qui fut tenu dans le palais impérial de Constantinople en 692, (*Canon* 50.) « Nous défendons absolu- » ment à tous les Fidéles, quels qu'ils » soient, Ecclésiastiques ou Laïques, de » jouer aux Dés, sous peine de déposi- » tion pour les Ecclésiastiques, & d'excom- » munication pour les Laïques. «

Le dernier des Statuts synodaux d'Eudes de Sully Évêque de Paris, qui mourut en 1208, est conçu en ces termes : » Nous » défendons absolument à tous les Ecclé- » siastiques de jouer aux Dés, & d'assis- » ter aux spectacles & aux danses. «

Le quatriéme Concile général de La-tran, tenu en 1215, (*Canon* 16.) « Que » les Ecclésiastiques ne jouent point aux » Dés, ni aux autres jeux de hazard, &

lets, le Trictrac, les Chevaux de bois : ils ne parlent jamais des Cartes.

» qu'ils n'y regardent pas même jouer les » autres. «

Le Concile d'Alby, tenu en 1254, (*Canon* 48.) « En renouvellant les an-» ciens Canons, nous défendons aux » Eccléfiaftiques qui font dans les Ordres » facrés, ou qui ont des bénéfices, de » jouer aux Dés ou aux autres jeux de » hazard. »

Le Concile de Bude, tenu en 1279, (*Canon* 8.) « Nous défendons aux Ecclé-» fiaftiques de jouer aux Dés & aux au-» tres jeux de hazard, & même d'y re-» garder jouer les autres. Nous leur dé-» fendons auffi très-expreffément de gar-» der des Dés dans leurs maifons. «

Un des Statuts fynodaux de Milon Évê-que d'Orléans, publié en 1314, eft conçu en ces termes : « Il eft défendu abfolu-» ment à tous les Prêtres, de jouer aux » Dés & d'affifter aux fpectacles & aux » danfes. «

Saint Clément d'Alexandrie, (*L. III.* *du Pédagogue CXI.*) dans les inftructions qu'il donne aux Fidéles, leur défend ex-

On dira peut-être que les Cartes n'ont point été envelopées dans ces condamnations , parce qu'elles ne

pressément les jeux de Dés & des Osselets.

Parmi les Ouvrages de Saint Cyprien, il y a un Traité entier contre ceux qui jouent aux jeux de hazard , & particulièrement aux Dés. Il est intitulé *de Aleatoribus.*

Saint Ambroise (*L. de Tobia c. 11.*) s'exprime en ces termes. » D'abord le jeu est
» incertain : ensuite les uns ont le plaisir
» de gagner, & les autres le chagrin de
» perdre : après la fortune change : tout
» le monde gagne & tout le monde
» perd. Il n'y a que les usuriers qui profi-
» tent. Les joueurs gagnent en appa-
» rence ; mais les usuriers s'enrichissent
» effectivement de leur gain : & le profit
» qu'ils font est d'autant plus considéra-
» ble , qu'il se fait, non en un an, mais en
» un instant. Eux seuls tirent avantage
» de la perte de tous les autres. Eux seuls
» gagnent par le moyen de leur injuste
» commerce. Les autres changent d'état
» & de situation à chaque partie & à cha-
» que coup : tantôt pauvres, tantôt riches,
» tantôt entièrement dépouillés : leur vie

font pas un jeu de hazard. Il eſt vrai que ſelon les vues de l'auteur, les Cartes devoient être principale-

» n'a pas plus de conſiſtence & de ſolidité » que les Dés qu'ils remuent. «

Dans le cinquante-ſixiéme ſermon du temps, qui ſe trouve parmi les Diſcours de Saint Auguſtin, on lit que le jeu de Trictrac eſt un jeu plein de fureur : *Furio-ſus Tabulæ ludus.*

L'Empereur Juſtinien (*L.* 🖛 *du Code t. 4. des jugemens des Evêques, Loi* Cer-tiſſimè ,) s'exprime ainſi. « Nous ſom-» mes fortement perſuadés que la pureté » des Prêtres , l'innocence de leur vie, » & la ferveur de leurs prières conti-» nuelles auprès de Dieu , contribue » beaucoup à attirer ſur nous & ſur notre » Empire les graces du Ciel : que c'eſt » par leur moyen que nous voyons ſou-» mis à notre obéiſſance des peuples qui » ne l'avoient point encore été ; & qu'en-» fin plus leur ſainteté augmente , & plus » auſſi augmente la proſpérité de l'État; » parce qu'ils ménent une vie irrépré-» henſible : le peuple les regarde comme » leur modelle , & ſe corrige de beau-» coup de vices. Si-bien que les hommes

A 5

ment un exercice de l'esprit : mais il y a lieu de croire que contre son intention , on en fit bientôt un jeu de hazard , puisque dès les premiè-

» devenus meilleurs, nous avons lieu d'es-
» pérer aussi des miséricordes plus abon-
» dantes de Dieu & de notre Sauveur
» Jésus-Christ. C'est pourquoi nous avons
» été surpris d'apprendre des choses que
» l'on auroit pu à peine croire : que quel-
» qu'unes de ces personnes qu'on ne doit
» regarder qu'avec respect, des Diacres,
» des Prêtres ; nous avons, dis-je, été
» surpris que quelqu'uns d'entr'eux n'ont
» point de honte de jouer aux Dés &
» d'entrer dans les lieux où l'on y joue,
» quoique nous en ayons si souvent dé-
» fendu l'entrée, même aux plus simples
» du peuple ; qu'ils regardent avec plai-
» sir des choses si indignes d'eux ; qu'ils y
» entendent des discours emportés & des
» blasphêmes ; enfin qu'ils souillent leurs
» mains, leurs oreilles, leurs yeux, par
» des jeux si damnables & si défen-
» dus, &c. «
Le même Prince (*Loi seconde, au Code,* de aleatoribus,) défendit de jouer aux

res années où elles furent en ufage, nous les voyons toujours condamnées avec les Dés.

Chevaux de bois (*) & à toute autre efpéce de jeux de hazard ; à peine de confifcation de la maifon où l'on auroit joué. *Non licet ludere his qui vocantur Equi lignei, vel quâvis aliâ aleæ fpecie... Loca verò in quibus lufum fuerit publicentur.*

Les Capitulaires de Charlemagne & de Louis le Débonnaire, ordonnent que les Eccléfiaftiques qui joueront aux Dés ou qui affifteront aux fpectacles publics, feront fufpens de leurs fonctions pendant trois ans. *Si quis Clericus ad Tabulas ludat, vel fpectaculis attendat, per tres annos à facro minifterio prohibeatur.*

Saint Louis, par un Édit de 1254, défend les Dés & les Échecs. « Nous défen-

---

(*) Les Chevaux de bois étoient une machine de bois, élevée par différens degrés ; chaque échelon ayant plufieurs trous. Les joueurs avoient quatre Boules de différentes couleurs : ils jettoient ces Boules dans la partie fupérieure de la machine, d'où elles defcendoient de degré en degré. Celui dont les Boules fortoient les premières du dernier des trous, gagnoit la partie. On voit que ce jeu avoit quelque rapport à Hoca. Lifez Balfamon fur la Loi que l'on a citée.

Charles V , surnommé le sage à si juste titre , par un Édit de 1369 ,

» dons étroitement que nul ne jeüe (*joue*)
» aus Dez, aus Tables, ne aus Échetz,
» & si deffendons escoles de Dez; & vou-
» lons du tout estre devéées (*empêchées;*)
» & ceux qui les tendront (*tiendront*)
» soient très-bien punis. Et si soit la forge,
» ou l'euvre des Dez devéée (*empêchée*)
» par-tout. « *Ordonnances des Rois de*
» *France , t. 1. p. 74.*

Philippe le Hardi renouvelle cette dé-fense en 1272. « Len (*l'on*) mandera à
» tous Ballyz, qu'ils facent garder ladite
» Ordenance de défendre les jeux de
» Dez. «

Par une Ordonnance de l'an 1360 , le Prévôt de Paris défendit aux Cabaretiers & à tous autres, de souffrir qu'on jouât aux Dés dans leur maison, sous peine de dix livres parisis d'amende.

Dans un. Chapître général , tenu à l'Abbaye de Saint Germain des Prés en 1363 , on défendit aux Religieux, tous les jeux de Dés ou de hazard , sous peine de privation de vin pendant une semaine. *Histoire de l'Abbaye de Saint Germain , p. 159.*

outre les jeux de hazard, (*d*) défendit ceux que nous appellons d'adresse ; ne permettant à ses sujets

(*d*) « Sçavoir faisons que nous desirans
» de tout notre cuer (*cœur*) le bon estat,
» seureté & deffense de nostre Royaume,
» de la chosé publique & de tous nos sub-
» gés (*sujets*) d'iceluy, voulans obvier à
» tous inconvéniens, & toujours enduire
» & gouverner nos bons subgés, en ce
» qui leur puet (*peut*) estre agréable &
» prouffitable, avons deffendu & deffen-
» dons par ces présentes, tous geux (*jeux*)
» de Dez, de Tables, de Palmes (*Paulme,*)
» de Quilles, de Palet, de Soules, de
» Billes, & tous autres tels geux qui
» ne chéent point (*ne sont point propres*)
» à exercer, ne habiliter (*rendre habiles*)
» nos diz subgez à fait & usaige d'armes,
» à la défense de nostre dit Royaume, sur
» peine de quarante sols parisis, à appli-
» quier à nous, de chascun & pour chas-
» cune fois qu'il y encherra : & volons
» & ordenons que nos diz subgez pren-
» nent & entendent à prendre leurs geux
» & esbatemens, à eux exercer & habi-
» liter en fait de trait d'arc ou d'arbalef-
» tres, ès biaux lieux & places conve-

que les exercices qui pouvoient les rendre propres à la défense de l'État.

Les jeux qui sont interdits dans cette Ordonnance, sont ceux de Dés, de Table, de Paume, de Quilles, de Palet, de Soule (*e*) & de Billes. Dans un dénombrement si détaillé, les Cartes n'eussent pas été oubliées, si elles eussent été en usage. D'ailleurs le motif de la Loi exigeoit qu'elles fussent défendues, de même que les autres jeux dont on y parle, si on les eût connues pour-lors.

Dans les onze, douze, treize & quatorziéme siécles on écrivit un très-grand nombre de Romans en vers & en prose. Les ignorans au-

» nables à ce, ès villes, terrouoirs ; & » facent leurs dons aux mieux traians, » (*tirans,*) & leurs festes & joies pour ce, » si comme bon vous semblera. « *Ordonnances des Rois de France, tom.* 5. *page* 172.

(*e*) Le Ballon qui est encore appellé *Soule* en Basse-Bretagne.

teurs de ces Livres, ne connoiffant d'autres ufages que ceux qui fe pratiquoient fous leurs yeux, donnoient les mœurs de leur fiécle à tous les perfonnages qu'ils introduifoient fur la fcéne, en quelque temps qu'ils euffent vécu : enforte que dans ces ouvrages, fi fabuleux d'ailleurs, on trouve un tableau fidéle de la manière dont on vivoit lorfqu'ils ont été compofés : & c'eft là le feul avantage que l'on puiffe retirer de la lecture de ces écrits, qui choquent également le bon fens & la pudeur. On parle dans ces Romans de différens jeux ; jamais des Cartes.

Nous avons plufieurs Chroniques pour les fiécles dont on vient de parler. Ceux qui les ont écrites ne fe bornent pas aux événemens publics: ils peignent encore les actions & même les converfations des particuliers, avec tant d'exactitude & de naïveté qu'on croit les voir, les entendre, & vivre avec eux. Le nom des Cartes ne se lit dans aucune de ces Histoires.

Jean de Salisbéry Évêque de Chartres en 1176, composa un Livre des vains amusemens des gens de Cour, le plan de son Ouvrage exigeoit qu'il n'en omît aucun : il ne parle point des Cartes.

Guillaume de Machau, dans son Poéme intitulé Confort d'amy, parmi les avis qu'il donne à Charles V l'année qu'il monta sur le thrône, s'exprime ainsi.

« Garde te, ami, qu'aux Dez ne joue
» Et que pas ton temps ni aloue ;
» Car c'est chose trop deshonneste,
» À Prince qui quiert vie honneste :
» Car il ne vient pas de franchise
» Eins est fondé sur convoitise ;
» Et si monstre on si sa manière
» Que maint en parle en derrière.
» Mais s'un petit ti wes esbattre,
» Joue xx gros ou xxiiii

» À Dames

» À Dames & à Pucelettes
» De cuer & de penſées nettes :
» Et ſi tu gaignes leur argent,
» Donne le tantoſt à leur gent
» Et li tien auſſi ſans plus dire :
» Et ſi tu pers n'en fais que rire.

Le Poéte défend les Dés au Roi : c'étoit une belle occaſion de parler des Cartes, ſi elles euſſent été connues : la raiſon qu'il apporte pour interdire le premier jeu, étoit auſſi forte pour proſcrire le ſecond.

On ne voit point de Cartes repréſentées dans les bas-reliefs, les peintures, les tapiſſeries, qui ſont plus anciennes que le quatorziéme ſiécle ; quoiqu'on y découvre des Dés, des Cornets, des Échecs, des Damiers.

Le ſilence de tous les Écrivains & de tous les monumens juſqu'au quatorziéme ſiécle, acquiert la force d'une démonſtration, lorſque l'on conſidère que dès la fin de ce même ſiécle, les Conciles, les Auteurs

B

Ecclésiastiques & les Princes ne condamnent jamais les jeux, qu'ils ne nomment expressément les Cartes. Jean I Roi de Castille, dans un Édit de 1387, défend les Dés & les Cartes : (*Molina de ludo.*) Le Prévôt de Paris, par une Ordonnance du 22 janvier 1397, fait défense aux gens de métier, de jouer les jours ouvrables à la Paume, à la Boule, aux Dés, aux Cartes & aux Quilles.

Le Synode de Langres en 1404, interdit aux Ecclésiastiques, les jeux de Dés, de Trictrac, & de Cartes. Saint Bernardin, qui fit profession dans l'Ordre de Saint François l'an 1405, (*f*) condamne dans ses Sermons, (*Sermon 42 de la Passion, dans le Carême,*) les Cartes & les Dés. Ferdinand Roi d'Arragon & son épouse Isabelle Reine de Castille, par une Déclaration de 1463,

(*f*) *Ne omnino ludant ad Taxillos, ad Aleas, ad Trinquetum, neque ad Chartas.*

décernent une amende contre tous ceux qui joueront aux Dés ou aux Cartes. Je renvoie aux notes le reste des citations (*g*).

(*g*) Dans les Statuts Synodaux de Paris vers l'an 1512 , on lit ces paroles : « Conformément aux saints Canons, » nous défendons aux Ecclésiastiques, de » jouer aux jeux de hazard, aux Dés, » aux Cartes, & d'y regarder jouer les » autres. «

Dans les Ordonnances Synodales du Diocése d'Orléans en 1525 : « Que les » Ecclésiastiques s'abstiennent en telle » sorte des jeux de Dés, de Cartes, & » des autres jeux qui dépendent du ha- » zard ; que jamais ils n'y parient & n'y » soient présens. «

Un Arrêt du Parlement de Paris du 22 décembre 1541 , défend à toutes personnes de la ville & des Fauxbourgs de Paris, de souffrir qu'on joue aux dés ou aux Cartes dans sa maison, à peine contre les maîtres du jeu, de punition corporelle ; & contre les joueurs, de prison & d'amende arbitraire.

Le Synode de Breslaw en 1568, s'explique ainsi : » Nous défendons aux Ecclé-

J'ajoûte qu'on n'a pu inventer le carton , & par conséquent les Car-

» fiaftiques, de jouer aux Dés , aux Car-
» tes , ni aux autres jeux de hazard. «

Le Synode de Lyon en 1577 : « Les
» Eccléfiaftiques s'abftiendront du jeu
» des Cartes, Dés , & autres jeux de
» hazard. «

Charles IX , par une Ordonnance du
mois de mars 1577, défend aux Cabaretiers , de fouffrir qu'on joue aux Dés ou
aux Cartes dans leur maifon.

Dans le Concile provincial de Bor-
deaux en 1583 : « Que les Eccléfiaftiques
» s'abftiennent entièrement, tant en par-
» ticulier qu'en public, des jeux de ha-
» zard, de ceux de Dés , de Cartes , &
» de tous autres jeux malhonnêtes. «

Le Concile provincial de Bourges en
1584 : « Que les Eccléfiaftiques évitent
» les jeux de hazard , de Dés , de Cartes,
» & tous les autres jeux qui font défen-
» dus. «

Le Concile provincial d'Aix en 1585 :
» Que les Eccléfiaftiques ne jouent point
» aux Cartes, aux Dés , ni aux autres
» jeux de hazard ; & qu'ils n'y regardent
» jamais jouer les autres. «

tes, avant que le papier de chife, dont nous nous servons aujourd'hui, fût connu en Europe : or on ne peut faire remonter l'usage de ce papier

Les Statuts Synodaux du Diocése d'Orléans publiés en 1587 : « Que les Ecclésia-
» stiques s'abstiennent tellement des jeux
» de Dés, de Cartes, & de tous les autres
» qui dépendent du hazard, qu'ils n'y
» regardent pas même jouer les autres. «
Le Concile provincial d'Avignon en 1594 : « Que les Ecclésiastiques ne jouent
» jamais aux jeux défendus, comme sont
» les jeux de Dés & de Cartes. «
Les Statuts du Diocése de Limoges en 1619 : « Nous défendons très-expressé-
» ment aux Ecclésiastiques, les tavernes,
» les danses, les jeux publics, tous jeux
» de Cartes & de Dés. «
Dans la discipline des Vaudois qu'ils qualifioient ancienne en 1530, lorsqu'ils la présentèrent à Bucer & Œcolampade, on défend les jeux de Cartes & de Dés. *Ludi Chartarum, Taxillorum, & id genus alia, unde infinita ac horrenda mala, peccataque in Deum, tum etiam in proximum profiliunt, deferantur.*

B 3

parmi nous plus haut que le douziéme siécle (*h*) : on ne peut donc

(*h*) Le Père du Halde (*Description de
la Chine , tome* 11. *page* 240,) raconte
qu'en l'année 95 de l'Ère chrétienne , un
grand Mandarin du Palais mit en œuvre
de vieux morceaux de piéces de chanvre
déjà usés , dont il forma du papier. Il
appuye cette narration sur l'autorité d'un
Livre Chinois. Un autre Livre Chinois dit
que dans la province de Se-tchu-en le
papier se fait de chanvre. Kao-tsong troisiéme Empereur de la grande dynastie de
Tang , fit faire un excellent papier de
chanvre. Le soin avec lequel les Chinois
écrivent leur histoire , ne permet pas de
révoquer en doute la vérité de ce récit.
Voilà donc l'origine du papier de chife
fixée à la Chine au premier siécle de
Jésus-Christ. De la Chine cette découverte se sera communiquée aux peuples
voisins , de proche en proche , d'abord aux
Indiens , ensuite aux Persans. Des Sarra-
sins conquérans de la Perse au septiéme
siécle , elle sera passée aux Grecs : de
ceux-ci aux Latins du temps des Croisades. Car quoique chez les Grecs & chez
les Arabes , on ne trouvât peut-être alors

placer les Cartes au deſſus de cette époque.

que du papier de coton, la fabrique de celui de chife eſt à peu près la même : & il étoit fort naturel de faire en Occident, des vieux lambeaux de linge, le même uſage qu'on faiſoit en Orient de ceux de coton.

En effet ce n'eſt qu'au douziéme ſiécle qu'on peut faire remonter parmi nous la fabrique du papier de chife. Pierre le vénérable, Abbé de Clugny, eſt le prémier qui en parle dans ſon Traité contre les Juifs. « Les livres, dit-il, que nous » liſons tous les jours ſont faits de peaux » de béliers, ou de boucs, ou de veaux, » ou de plantes orientales, ou de chife : *Ex raſuris veterum pannorum compacti.*

M. Mafféi dit qu'il n'a point vu en Italie de papier de chife plus ancien que le quatorziéme ſiécle ; & qu'il ne lui eſt point paſſé par les mains d'acte en cette matière d'une antiquité plus reculée que la Charte donnée par l'Évêque de Véronne en 1367, pour accorder l'inveſtiture de certaines dîmes à Grégorio Mafféi. M. d'Hérouval avoit découvert & fait voir à Dom Mabillon, du papier de chife plus vieux au

Je termine ces preuves par le témoignage formel de Raphaël de Volterre. Cet Auteur qui vivoit sur

moins d'un demi-siécle. C'étoit une Lettre de Joinville à Louis X dit le Hutin. Le Père Mabillon, dans sa Diplomatique, après avoir rapporté le texte de Pierre le vénérable, ne cite point de plus anciens monumens du papier de chife, que des manuscrits de la fin du treiziéme siécle. M. l'Abbé de Longuerue, dans le Longuéruana, parle ainsi. « L'usage du papier » tel que nous l'avons aujourd'hui, est » récent ; & avant le Roi Jean & Phi- » lippe de Valois son père, je trouve tou- » jours du parchemin. « Dom de Mont- faucon, dans une sçavante Dissertation sur la plante appellée *Papyrus*, s'exprime ainsi sur le papier de chife. « Pierre le » vénérable nous dit qu'il y avoit déjà » de son temps des Livres faits avec du » papier de chifon : mais il falloit que ces » Livres fussent extrêmement rares, car » quelques recherches que j'aie pu faire, » tant en Italie qu'en France, je n'ai » jamais vu ni Livre ni feuille de papier, » tel que nous l'employons aujourd'hui, » qui ne fût écrit depuis S. Louis. *Mémoi-* «

la fin du quinziéme fiécle , affure
que le jeu de Cartes a été inconnu

res de l'*Académie des infcriptions*, tome 9.

Il eft furprenant qu'aucun de ces Sçavans n'ait connu le Manufcrit dont parle
Beffarion , dans une Lettre qu'il écrivit à
Alexis Lafcaris , après la célébration du
Concile de Florence (*). Ce Sçavant dit
(**) qu'il a vu un exemplaire de Saint
Bafile en papier écrit plus de trois cent
ans auparavant : *Aliud in papyro ante
trecentos annos fcriptum : erat enim in fine
tempus notatum.* Voilà un Manufcrit en
papier , du douziéme fiécle.

J'ai vu dans le cabinet d'un homme de
Lettres de Befançon , un titre en papier ,
de l'an 1392 : il vient de l'Abbaye de
Saint Maurice en Valais , & contient une
claufe du teftament d'Othon IV Comte de
Bourgogne , qui regardoit ce Monaf-
tère.

Le papier , & par conféquent les Cartes ,
ne devoient pas être communes du temps
de Charles VII ; puifque le linge étoit
alors fi rare , qu'on dit (***) qu'il n'y

____

(*) Ce Concile fut   *Hard. tom. 10. pag.* 1045.
terminé en 1439.   (***) *Naudæana ,*
(**) *Afta Concil.*   70.

aux anciens : *Chartarum verò ludi priscis additi sunt, ab avaris ac perditis inventi, non solùm nostro dogmati, sed publicis veterum moribus unâ cum alea rejecti.* (Lib. 29.)

Le Père Meneftrier prétend que les Cartes furent inventées pour amufer Charles VI , lorfqu'il fut convalefcent de la maladie dans laquelle il tomba en 1392. Il appuie

avoit que la Reine qui en eût deux chemifes. Dans l'inventaire de la Bibliothéque de Charles V , Charles VI, Charles VII, on diftingue les Livres en papier ; marque certaine qu'ils n'étoient pas communs.

« Chroniques affemblées de Julius Céfar » & de Godefroy de Billion , en papier. «

« Julien Frontin , en un cahier de » papier. «

Dans l'inventaire des Livres du Duc de Berry frère de Charles V , qui eft confidérable pour le temps , il ne fe trouve qu'un Livre en papier.

« Un Livre de papier, faifant mention » du procès de la canonifation de Charles » de Blois, couvert de cuir. «

son sentiment d'un compte de Charles Poupart (*i*) Argentier du Roi, (c'est-à-dire, Thréforier,) dans lequel on lit cet article. « Donné à » Jacquemin Gringonneur Peintre, » pour trois jeux de Cartes à or & » à diverses couleurs, de plusieurs » devises, pour porter devers ledit » Seigneur Roi, pour son ébate» ment, cinquante-six sols parisis. «

Ce sçavant Jésuite ne s'écarte guère du but, mais il ne l'atteint pas.

1° On parle dans ce compte, des Cartes comme de quelque chose qui est connu, qui est en usage : elles ne paroissoient donc pas pour la première fois. On décrit la façon dont sont figurés ces jeux qu'on présente au Roi ; ce que l'on n'eut pas fait si elle n'eût été extraordinaire & singulière. Il y avoit donc dèslors une manière commune & usitée de pein-

(*i*) Il est nommé Charbot Poupart dans Monstrelet : *première partie*, *c.* 99.

dre les Cartes ; elles étoient donc déjà inventées.

2° La coëffure que les Dames portent dans les Cartes, est fort différente de celle de la Reine Isabeau femme de Charles VI. Ce jeu n'a donc pas été trouvé sous ce Roi : car les Peintres de ce temps-là, ne connoissant d'autres ornemens, que ceux des personnes avec qui ils vivoient, leur eussent donné la parure de cette Princesse.

3° Froissart, qui fait le détail le plus exact de tous les divertissemens (*k*)

(*k*) « Maistre Guilliaume de Harseli,
» lequel avoit le Roi en cure & en garde,
» se tenoit tout quoy (*tranquille*) de lez
» (*auprès de*) lui à Creil, & moult
» (*beaucoup*) songneux (*soigneux*) en fut,
» & grandement s'en acquitta, tant qu'il
» y acquit honneur & proufit ; car petit
» à petit il le remit en bon estat. Pre-
» mièrement il l'osta de la fiévre & de la
» chaleur où il estoit, & lui fit avoir goust
» & appétit de boire, de manger, de
» dormir & de reposer ; & lui fit avoir

que l'on fit prendre à Charles **VI**
pendant fa convalefcence , ne fait
aucune mention des Cartes : & l'on
ne fe perfuadera pas qu'il eût oublié
un jeu , qui auroit été inventé exprès pour l'égayer dans cette occa-
fion. Le Journal de Charles **VI**
donné au public par le Laboureur
en deux volumes in-folio , garde fur
ce point un auffi profond filence que
Froiffart.

4° Nous avons vu plus haut les
Cartes défendues en Efpagne par
une Ordonnance de 1 3 87 : ainfi elles
n'ont pas été trouvées en 1392 ,

» cognoiffance de toutes chofes ; mais
» trop il eftoit foible : & petit à petit
» pour le renouveller & changer d'air il
» le fit chevaucher , aller en gibier , &
» aller voler l'efpervier aux allouettes....
» & ainfi petit à petit , par la grace de
» Dieu , le Roi retourna à fanté & eftat :
» & quand Maiftre Guilliaume de Harfeli
» vit qu'il eftoit en bon point , fi en fut
» tout réjouy ; & ce fut raifon , car il
» avoit fait une belle cure.

comme le veut le Père Meneftrier.

Il faut donc reculer l'époque de leur invention, & je crois qu'il faut la placer dans les dernières années du regne de Charles V. Voici les preuves de mon opinion.

On vit en France au quatorziéme fiécle, une mode fort bizarre. On portoit des fouliers à pointe qui furent appellés *Poulaines*, parce qu'ils étoient imités des Polonois que l'on nommoit alors Polains ou Poulains (*l*).

Mais bientôt on enchérit folle-ment fur fes modéles : on donna à cette pointe une longueur exceffive; & ce qu'il y avoit de plus extrava-

(*l*) Guiliaume de Machau, dans un Poéme intitulé le Confort d'ami, adreffé à Charles V, nomme toujours la Pologne la Poulaine. Dans Saintré, la Pologne eft toujours nommée Poullaine, & les Polo-nais Poullains : *chap.* 47, 48, 50, 54. Dans l'Hiftoire de Charles VII attribuée à Alain Chartrier, le Roi de Pologne eft appellé le Roi de Poulaine : *page* 153.

gant, cette pointe étoit plus ou moins longue felon la qualité des gens. Elle étoit pour les riches au moins d'un pied & demi, & de deux ou trois pour les Princes. Plus ce bec étoit ridicule, plus il fembloit beau. Il étoit recourbé & orné de quelques grotefques. Charles V, dans fes Lettres portant confirmation de la Confrérie des Clercs Secrétaires & Notaires du Roi, du neuviéme mai 1365, défendit à ces Officiers cette chauffure, comme peu convenable à la gravité de leur état. Le jugement que ce fage Prince porta de cette mode, & la défenfe qu'il en fit, en arrêta le cours ; mais elle fe renouvella après fon décès (*m*) &

(*m*) On lit dans Olivier de la Marche, (*page* 359,) que les troupes de Philippe le Bon Duc de Bourgogne, voulant attaquer les Gantois révoltés qui étoient dans un boulevart ; « premièrement furent » pointes de fouliers coupées, & hommes » d'armes & archers fe mirent à pié qui

dura jusqu'au seiziéme siécle. Il faut que les Cartes aient été inventées dans les quinze ans qui se sont écoulés depuis l'interdiction des Poulaines faite par Charles V, jusqu'à la mort de ce Prince ; puisque les Rois & les Valets ne sont point représentés dans ce jeu avec cette sorte de souliers ; ce qu'on n'auroit pas manqué de faire, s'ils eussent été en usage lorsqu'on les trouva.

Les Rois sont peints sur les Cartes vêtus d'une robbe fourrée d'hermine, avec la couronne sur la tête. L'auteur de ce jeu les a sûrement représentés de la manière dont il les voyoit tous les jours. Il faut donc qu'il ait vécu sous Charles V ; car Charles VI son fils est le premier de nos Rois qui négligea ces signes de la Royauté. Voici comment

M. le

mieux mieux. « Apparamment ils portoient des souliers à la Poulaine. Ces souliers étoient encore en usage du temps de Rabelais : *liv.* 11. *c.* 1.

M. le Gendre s'explique sur ce sujet.

« Avant Charles VI, nos Rois ne
» paroissoient point sans quelque
» marque qui les distinguât ; comme
» une robbe fourrée d'hermine, une
» couronne sur leur chaperon : à
» l'armée, une cotte d'armes semée
» de fleurs de lys d'or, ou un cer-
» cle à hauts fleurons autour de leur
» casque. Charles VI trouva cette
» coûtume trop gênante ; il négli-
» gea ces ornemens de la Royau-
» té (*n*). «

(*n*) M. Le Gendre ne fait ici que suivre
Monstrelet & le Moine anonyme de Saint
Denis, traduit en François par M. le Laboureur, qui se plaignent beaucoup de
ce que Charles VI ne paroissoit pas en
public de la manière dont les Souverains
avoient pour lors coûtume de s'y montrer.
Je transcris les paroles de ce dernier.
« On le (*Charles VI*) blâme aussi de
» n'avoir pas gardé la gravité de ses an-
» cêtres, qui ne se montroient guère
» qu'en leurs habits Royaux ; d'avoir pris
» à regret le long manteau & la tunique

C

Sous Charles VI & sous les Rois
ses successeurs, les Chevaliers por‑
toient des plumes sur leur bonnet.
Monstrelet, au chapitre 62 de son

» traînante jusques sur les talons, & d'avoir
» préféré aux marques de la Majesté
» Royale, la bigarrure de toutes sortes
» d'étoffes de soie, qui ne le distinguoit
» pas assez de ses courtisans, & qui le
» rendoit trop attaché à leurs modes.
» *Tome 1. page* 160.

« Le jour de la dédicace de Saint Denis,
» le Roi (*Charles VI,*) suivant la pieuse
» coûtume, y vint en dévotion ; mais il
» n'assista point à la Messe, ni à la pro‑
» cession en habit royal, selon l'usage
» ordinaire gardé par tous ses prédéces‑
» seurs. *Tome 1. page* 360.

« Le Roi revenu en santé & en son bon
» sens, après trois semaines de sa maladie
» ordinaire, en alla rendre graces à Dieu
» en l'Église de Notre-Dame de Paris, le
» mardi dernier jour d'avril : mais on eut
» eu encore plus de joie, de l'y voir en
» habit royal, comme il est de la décen‑
» ce de la Majesté, pour faire différence
» entre lui & les Seigneurs de sa suite.
» *Tome 2. page* 660.

premier volume, parle de « dix-huit
» Chevaliers veſtus de vermeil ,
» à beaux plumats paillettés d'or. «
Dans des tableaux en miniature qui
repréſentent les perſonnages d'une
piéce intitulée *Joyeuſe deſtinée*, les
Acteurs ont des plumes ſur leur
bonnet. La coëffure en pain de ſucre
des Actrices , nous fait connoître
que cette piéce a été jouée avant le
Regne de Louis XII. Dans Rabelais
le Seigneur de Baſché veut qu'on
donne à ſes Pages « ſes beaux plu-
» mails blancs avec les pampilletes
» d'or. « On voit dans la vie du
Chevalier Bayard , que ſous Louis
XII , nos guerriers portoient des
plumes. Brantome parle ainſi de M.
de Jour Colonel des Légionnaires de
Champagne. « Je l'ai vu en l'âge de
» quatre-vingt ans , s'habiller auſſi
» proprement & gentiment qu'on
» eût vu jeune gentilhomme à la
» Cour , & toujours ſon chapeau
» & bonnet couvert de plumes très-

» belles & naïfves ; & disoit ce
» bon homme, que cela sentoit
» encore sa vieille guerre & le vieux
» temps qu'il étoit avanturier delà
» les monts. « Le même Auteur dit
que François Duc de Guise portoit
« un bonnet de velours noir avec
» une plume rouge fort bien mise,
» car il aimoit les plumes. « Cor-
nille bâtard de Bourgogne, assem-
bla cent hommes d'armes, empluma-
chés & habillés de parure semblable.
(*Olivier de la marche, page* 208.)
Henri IV portoit un panache blanc
sur sa tête à la bataille d'Ivry. Les
Pages de Petit - Jehan de Saintré,
portoient chacun « un très-bel chap-
» pel de plumes à ses couleurs. «
Saintré portoit un « semblable chap-
» pel de plumes. « On se servoit
communément de plumes de coq ;
delà ces plumes furent appellées
Coquarde : on a continué de donner
ce nom au nœud de rubans que les
Militaires portent à leur chapeau en

place des plumes qu'on y mettoit autrefois.

Alain Chartier appelle *Veaux co-quarts*, les muguets, qui pour imiter nos braves mettoient des plumes de coq sur leur bonnet : les Valets des Cartes, qui représentent, comme nous dirons bientôt, les Seigneurs de la nation, n'ont point de plumes, sur leur bonnet : nouvelle preuve que les Cartes ont été inventées avant Charles VI.

Un jeu tout militaire comme celui des Cartes n'a dû se présenter à l'esprit que dans un temps de guerre. Il ne faut pas cependant, pour inventer de semblables amusemens, être exposé à la crainte & au trouble des armes : il faut durant la guerre jouïr des douceurs de la paix. Tel fut précisément l'état des François les dernières années du regne de Charles V. On avoit la guerre contre les Anglois ; mais on n'en éprouvoit point les horreurs. On ne la faisoit que dans les provinces ennemies : on la faisoit avec un succès prodigieux : nos armées couroient de conquêtes en conquêtes, & leur marche n'étoit qu'une suite de victoires.

Charles V aimoit les sciences & les Livres. Comme le goût du Prince influe toujours sur celui des sujets, les Lettres furent en honneur sous son regne : on estima les talens, & par-là on les fit dévéloper. L'envie de plaire au Roi engagea les François à cultiver la Poésie, l'Éloquence & les différentes espéces de Littérature : ensorte que le regne de Charles V a été la première époque depuis Charlemagne, du renouvellement des Lettres parmi nous. C'étoit là un temps bien propre à faire éclore un jeu aussi ingénieux que celui des Cartes.

C'est sous ce même regne (*o*),

(*o*) Le dimanche onze novembre 1380, le Roi Charles VI fit son entrée solemnelle

que la France commença à avoir des
ſpectacles. Je ſçais que ces ſpectacles
ne furent d'abord que des repréſentations des Myſtères ; mais toujours
étoit-ce des divertiſſemens. Ce goût
naiſſant pour les amuſemens, aura
pu facilement produire le jeu des
Cartes.

On a montré que les Cartes
n'étoient pas encore inventées en
1369 : nous les voyons défendues

dans Paris. Il étoit vêtu ce jour-là d'une
étoffe de ſoie toute ſemée de fleurs de lys
d'or. Les principaux de la ville, allèrent
à cheval au devant de lui juſqu'au village
de la Chapelle, ſur le chemin de S. Denis.
Il trouva à ſon entrée dans Paris, les rues
& les places publiques ornées de riches
tapiſſeries, de chœurs de muſique d'eſpace
en eſpace, des fontaines qui jettoient le
lait, le vin & des eaux odoriférantes. Il
vit auſſi avec plaiſir ce qu'on appelloit
alors *les Myſtères* ; c'eſt-à-dire, les diver-
ſes repréſentations de théâtre d'une invention toute nouvelle. *Hiſtoire de la ville de
Paris, livre* 14 *pages* 687, 688.

en Espagne l'an 1387. Pour qu'un usage passe d'une nation à une autre, & qu'il s'y trouve si affermi, qu'il soit besoin de la sévérité des Loix pour le réprimer, ce n'est pas trop demander qu'un espace de dix ou douze ans. Il faut donc mettre l'invention des Cartes quatre à cinq années avant la mort de Charles V. Je me suis confirmé dans cette pensée, lorsque j'ai lu dans la Chronique de Petit-Jehan de Saintré, que les Pages de ce Roi jouoient aux Dés & aux Cartes (*p*).

(*p*) Lorsque Charles V fit passer Jean de Saintré, de la place de Page à celle d'Écuyer tranchant, l'Écuyer qui avoit soin des Pages de ce Prince, leur fit le discours suivant. « Advisez, mes Enfans, » n'est-ce pas belle chose de bien faire & » d'estre doux, humble & paisible, & à » un chacun gracieux. Veez cy vostre » compaignon, que pour estre tel a acquis » la grace du Roi & de la Royne. Et vous » qui êtes noyseux, joueux de Cartes & » de Dés, & suivez deshonnestes gens,

Je viens de suppofer que les Car-tes ont été trouvées en France, & que c'eſt de nous que les peuples voiſins les ont priſes. Ce n'eſt point ici une suppoſition gratuite ; j'en donne la preuve.

Les couronnes & les ſceptres fleur-deliſés que portent les Rois, les fleurs de lys dont leur robes & celles des Reines ſont ſemées, décé-lent un François (*q*).

» tavernes & cabarets, ne pour battre » qu'on vous face, ne vous en puis chaſ-» tier : dont par ainſi, combien de bon » lieu vous eſtes, tant plus croiſſez, ſi » ne vous amandez & plus chetifs & plus » méchans ſerez. *Chronique de Petit-Jehan* » *de Saintré*, c. 15.

(*q*) Nous avons pareillement jugé que la Bouſſole avoit été inventée par un François, à cauſe que toutes les nations qui s'en ſervent, mettent une fleur de lys ſur la roſe de cet inſtrument, au point du Nord. Il y en a qui croient que Marc Paul de Veniſe étant allé à la Chine vers l'an 1260, en rapporta ce cadran de mer.

Le Roi de pique porte le nom de David : celui de treffle le nom d'Alexandre : celui de carreau le nom de Céfar : celui de cœur le nom de Charlemagne. Un étranger ne feroit probablement pas venu cher-

& que ce n'eft que depuis ce temps-là qu'on en a l'ufage en Europe. Mais ils fe trompent furement, attendu que ce Vénitien n'en dit pas un mot dans l'Hiftoire de fes voyages, quoiqu'il y parle de la manière dont on navige dans les régions qu'il a parcourues, & d'une infinité d'autres chofes, qui ne font pas à beaucoup près fi confidérables. D'ailleurs on va voir que la Bouffole étoit connue en France long-temps avant que Marc Paul fût allé à la Chine. Les Napolitains qui nous difputent l'invention de cet inftrument, prétendent que Flavio de Melphe ville de la Campanie, en fut l'auteur vers l'an 1302. Cette prétention eft infoûtenable, puifque nous avons des Auteurs plus anciens que cette date qui nous parlent de la Bouffole. Brunet Latin, dans un Livre François intitulé *le Thréfor*, qu'il compofa à Paris en 1260, parle de cet inftrument ; & il en

cher parmi nos Souverains, un Monarque pour figurer avec les plus grands Princes de l'antiquité : il ne

parle plutôt comme d'un ufage commun, que comme d'une découverte récente. » Les gens qui font en Europe, dit-il, » najent-ils (*navigent-ils*) à tramontaine » devers feptentrion, & les autres najent » à celle de midy, & que ce foit la » vérité ; prenez une pierre d'aimant, ce » eft calamite, vous trouverez qu'elle a » deux faces, l'une gift vers une tramon- » taine, & l'autre gift vers l'autre, & » chacune des faces allie l'aiguille vers » cette tramontaine vers qui cette face » giffoit, & pour ce feroient les Mariniers » déçus fe ils ne priffent garde. « Quoi- qu'il fe trompe dans ces dernières paroles, il n'eft pas moins évident par ce paffage, que l'on fe fervoit de fon temps de l'aiguil- le aimantée dans la navigation. Guyot de Provins en Champagne, qui vivoit en- viron l'an 1200, fait mention de la Bouf- fole fous le nom de la *Marinette*, dans ces vers.

« Icele étoile (*l'étoile polaire,*) ne fe
muet (meut.)

lui auroit pas donné le plus noble symbole qui est celui de cœur.

Le Valet de pique est appellé Ogier: celui de treffle Lancelot, celui de carreau Hector, celui de cœur la Hire.

On ne lit plus sur les Cartes fabriquées dans notre province, les noms

» Un art font qui mentir ne puet (*peut*,)
» Par vertu de la Marinette
» Une pierre laide & noirette
» Où le fer volontiers se joint. «

Recueil des Poétes François qui ont vécu avant S. Louis par Fauchet.

On voit dans ces paroles qu'on faisoit usage de l'aimant pour connoître l'Étoile polaire ou le Nord. On remarquera que Brunet Latin écrivoit à Paris, & que Guyot étoit François. On ne trouve aucun Auteur plus ancien que ce dernier, qui ait parlé de la Boussole, car tous les Sçavans conviennent aujourd'hui que le passage qu'Albert le grand & Vincent de Beauvais ont cité sous le nom d'Aristote, où il est parlé de l'aiguille aimantée qui tourne toujours au Nord, est supposé.

dés Rois, des Dames & des Valets; mais on les lifoit autrefois, & ils fe font confervés jufqu'à préfent fur les Cartes de Paris, à l'exception de celui de Lancelot, en place duquel chaque Cartier a coûtume de mettre fon nom (*r*).

Hector, felon le père Daniel (*ſ*), eſt Hector de Galard Capitaine de la grande garde de Louis XI. Je ne peux être de fon avis, parce qu'alors comme à préfent, les Seigneurs étoient défignés par le nom de leurs

(*r*) Daneau qui écrivoit fur la fin du feiziéme fiécle, dit dans fon Traité des jeux de hazard, que l'on voyoit de fon temps fur les Cartes les noms de Charlemagne & de Lancelot : ce dernier nom étoit furement celui du Valet de treffle, puifque les trois autres ont confervé le leur.

(*ſ*) On juge avec raifon que le Père Daniel eſt Auteur d'une differtation fur le jeu de Piquet imprimée dans le Journal de Trévoux du mois de mai 1720.

terres. Hector est ici le fameux fils de Priam, duquel dans les XI, XII, XIII, XIV, XV & XVI. siécles, on faisoit descendre nos Rois par son fils Astyanax qu'on appelloit Francion (*t*). Aussi sur les anciennes Cartes on lisoit, *Hector de Troye.*

(*t*) Je rapporterai un trait qui fera voir combien on étoit persuadé de cette fable dans ces temps-là. Lorsque Louis XII eût remporté un grand nombre de victoires en Italie ; Frère Jean d'Auton Historiographe de ce Roi & un des beaux esprits de sa Cour, lui écrivit une lettre en vers françois au nom d'Hector. Ce Général Troyen, qui date sa lettre des Champs Élysées, marque la joie qu'il a d'apprendre par le récit d'un grand nombre de ceux qui ont été tués & dont les ames descendent dans ces lieux ténébreux, la valeur extraordinaire de Louis Prince descendu de sa race. Jean le Maire de Belges fit en vers françois une réponse à cette lettre sous le nom du Roi. Le titre en est tel : *L'Épitre du Roi très-chrestien Loys douziéme, à Hector de Troye chef des neuf Preux.* Dans le corps de la lettre ce Prince parle ainsi.

Lancelot du Lac eſt un des Chevaliers du Roi Arthus, un Chevalier de la table ronde (*u*). On le mettoit au premier rang des braves (*x*). Nous avons ſous ſon nom un vieux Roman en trois volumes in-quarto, qui eſt un des plus eſtimés de nos

« Or , jaçoit ce que de religions,
» Sectes, & loix, couſtumes, régions,
» Ait entre nous différence & diſtance :
» Si ſommes-nous tous d'un ſang & ſub-
ſtance
» Tretous extraits de la maiſon Troyenne
» Jadis fondée en la ſecte payenne. «

(*u*) Voyez les Remarques ſur la Chronique de Petit-Jehan de Saintré, *tome 2. page 212.*

(*x*) La Dame aux belles couſines inſtruiſant Petit-Jehan de Saintré, lui parle ainſi : « Dont ſont venues les grans en-
» treprinſes & les chevaleureux fais de
» Lancelot, de Gauvain & de Triſtan. «
Chapitre 3.

Romans, au rapport de Sorel (*y*). On voit aussi dans nos Auteurs, que ce Livre étoit un de ceux que notre

(*y*) Les anciens Romans qu'on estime le plus en France, sont ceux de Perce-Forest, de Lancelot du Lac, d'Amadis de Gaule, & du Chevalier du soleil (*). Je crois que tout ce qu'il y a de gens de goût dans le Royaume, pense bien différemment de nos aïeux au sujet de ces Romans.

Bayard ayant fait une belle ordonnance pour le tournoi qu'il avoit fait publier, son compagnon lui dit : « Pardieu, Com-
» paignon, jamais Lancelot, Tristan, ne
» Gauvain, ne firent mieux. « *Vie du Chevalier Bayard*, *c*. 10.

Au pas d'armes du Seigneur de Hautbourdin, on plaça deux écus, l'un de Lancelot du Lac, & l'autre de Tristan de Léonnois. *Olivier de la Marche*, *page* 379.

Le Comte de Charolois dès ses premières années s'appliquoit à lire & à faire lire devant lui les faits de Lancelot & de Gauvain. *Ibid. page* 338.

(*) *Bibliothéque Fran-* | *Chevalerie* , *page* 174.
çoise des Romans de |

notre Nobleſſe liſoit avec le plus
d'empreſſement (ꝣ).

Ogier eſt un des Preux de Charlemagne (*a*).

(ꝣ) Montluc, ſur la fin de ſes Commentaires, parle ainſi à la Nobleſſe du
Royaume. « Ne dédaignez, vous qui
» deſirez ſuivre le train des armes, au
» lieu de lire des Amadis ou Lancelots,
» d'employer quelques heures à me con-
» noître dedans ce livre. «

(*a*) Oger ou Otger dont le nom eſt
ſi fameux dans l'Hiſtoire Romaneſque de
Charlemagne attribuée à l'Archevêque
Turpin, n'eſt point un perſonnage fabuleux. Le Moine de S. Gal, un des plus
exacts Écrivains de notre Hiſtoire en parle
en ces termes : « (*) Quelques années
» avant que Charles conquit l'Italie, un
» des premiers Princes qui s'appelloit
» Otger encourut l'indignation de l'Em-
» pereur, & chercha auprès de Didier
» Roi des Lombards un aſyle pour ſe
» ſouſtraire à ſa colère. « En compa-
rant ce récit avec ce qu'écrit Anaſtaſe
dans la vie du Pape Adrien I, on voit

(*) *Lib. 2° de rebus belliçis Caroli Magni, c. 26.*

D

La Hire est le fameux Étienne de Vignoles surnommé la Hire, qui

qu'Otger dont parle le Moine de S. Gal, est le même que Autcaire, (le *g* & le *c* se mettoient indifféremment l'un pour l'autre,) un des premiers Seigneurs du Royaume de Carloman frère de Charlemagne, qui après la mort de Carloman, se sauva avec la veuve & les enfans de ce Prince auprès de Didier, pour engager ce Roi des Lombards à les protéger, & à leur procurer par la force des armes la succession de leur père, dont Charlemagne vouloit les dépouiller. La veuve, les enfans de Carloman & Autcaire, s'étant renfermés dans Vérone, lorsque Charles vint faire la conquête de la Lombardie, furent forcés de se remettre entre les mains de ce Prince ; qui non seulement pardonna à Autcaire ou Oger, mais lui donna souvent le commandement de ses troupes. Oger, après avoir accompagné Charlemagne dans ses expéditions militaires pendant plusieurs années, se retira dans le Monastère de S. Faron de Meaux ; où ayant pris l'habit religieux, il acheva sa vie dans les exercices de piété. On voit encore aujourd'hui dans l'Église de cette

contribua tant par sa valeur , à affermir le thrône chancelant de

Abbaye le tombeau d'Ogier & de son compagnon Benoît, qui est magnifique pour le temps où il a été construit. On conserve dans le même lieu une épée antique, qu'on dit être celle de ce Héros. Le Père Mabillon (*) assure qu'elle pése cinq livres & un quart. Quelle force cette arme ne supposoit-elle pas dans celui qui la manioit. Les Historiens des Croisades racontent que Godefroy de Bouillon & l'Empereur Conrad fendirent un homme en deux d'un coup de sabre. M. Ducange (**) dit que ces faits que l'on juge impossibles , ne lui parurent plus hors de vraisemblance , lorsqu'il eût vu cette formidable épée d'Ogier (***). Sur la lame de cette arme, on voit une inscription

(*) *Acta Sanctorum.*

(**) *Glossarium mediæ & infimæ Latinitatis : verbo* Sphatha.

(***) « Messire Archimbaud de Donglas, » qui étoit bon Chevalier » & fort craint de ses » ennemis, quand il deut » approcher, mit pié à » terre, & mit au devant » de son visage une lon- » gue espée , qui avoit » d'alumelle deux aulnes » & à peine la pouvoit un » autre lever de terre : » mais elle ne lui coustoit » rien à manier : & en » donnoit les coups si

Charles VII (*b*). Il n'y a qu'un Fran-çois, qui en composant le jeu de

que je crois avec le Père Mabillon que l'on doit lire ainsi, *Hic vegotis gladius :* ce qui signifie selon moi, *La pesante épée.* Les Preux & les Paladins donnoient comme l'on sçait des noms & des épithétes à leurs épées. *Vegot* est un terme Theutonique ou Franc, auquel on a donné une terminai-son latine. Il est formé de la racine *Waeg*, *Wage*, livre, *Waegen* peser.

Oger est appellé François par Anastase. Il paroît que ce Seigneur étoit des Fran-çois orientaux ; puisqu'il étoit attaché à Carloman Roi de la France orientale, qui comprenoit la Frise voisine du Danemarc: ainsi on peut croire qu'il a été Frison, & que pour cette raison, dans le Roman attribué à l'Archevêque Turpin, composé du temps de Frédéric Barberousse, il a été nommé Danois, parce qu'en ce siécle ignorant on confondoit la Frise avec le Danemarc.

(*b*) Le Comte de Dammartin dont la Hire avoit été Page, disoit de lui, « qu'il

» grands , que tout ce » qu'il acconsuivoit (*at-* » *teignoit*) il mettoit par » terre : & n'y avoit si

» hardy, de la partie des » Anglois qui ne refusât » ses coups. « *Froissart,* » *l.* 11. *c.* 10.

Cartes, ait voulu choisir ses braves dans notre nation. Je dis ses braves ;

» étoit le plus grand en armes, qu'il eût » oncques vu. « (*Sébastien de Mammerot.*) Dans le Journal de Paris, sous les regnes de Charles VI & Charles VII, écrit par un homme du parti Bourguignon, on lit ce qui suit : « La première semaine de » juin 1431, fut prins le plus mauvais & » le plus tyrant & le mains piteux de tous » les Capitaines qui fussent de tous les » Arminaz, (*Armagnacs,*) & estoit nom- » mé pour sa mauvesté la Hire, & fut » prins par pouvres compaignies, & fut » mis ou (*au*) chastel de Dourdan. « Il sortit bientôt de sa prison, car le même Auteur nous raconte une escarmouche dans laquelle il fut victorieux. « Le ven- » dredy 29 jour de janvier 1433 venoient » à Paris grant (*grande*) foison de bes- » tail. . . . Les Arminaz qui avoient leurs » espies (*espions*) vindrent au devant ung » pou (*peu*) par delà Saint Denys, dont » Capitaine estoit ung nommé la Hire, plus » deux fois que ceux qui convoyoient le » bestail ; si furent tous desconfiz (*battus,*) » & tuèrent la plus grant partie & prin- » drent (*prirent*) la proye & les mar-

car c'est ce que le nom de Valet désignoit alors, ainsi qu'on le montrera dans peu.

La Chronique de Petit-Jehan de Saintré nous fait voir les Cartes en usage parmi nous, dans le temps qu'il étoit Page de Charles V. On

» chands. « Les injures dont l'Auteur du Journal charge la Hire, font l'éloge de ce Seigneur, & font connoître son zéle pour le service de son légitime Souverain. *Hyrr* est un terme Celtique ou Gaulois dont on se servoit pour exciter au combat : on l'employoit aussi pour exprimer le bruit que fait un chien en grondant, lorsqu'il menace quelqu'un de se jetter sur lui.

Étienne de Vignoles fut surnommé la Hire dans ce dernier sens par le parti Bourguignon ; puisque l'Auteur du Journal dit qu'il fut appellé ainsi pour sa *mauvesté*, c'est-à-dire sa méchanceté. Il est beaucoup parlé de la Hire dans les Vigiles de Charles VII, que l'on peut appeller à juste titre les Annales du regne de ce Prince. On lira surement avec plaisir le récit que cet Auteur contemporain fait des exploits de ce Héros, en divers endroits de son Poéme.

ne trouve en Espagne, en Italie, en Allemagne, en Angleterre, aucun

« Après furent faits Cappitaines
» La Hire & Poton de Saintrailles,
» Qui furent vaillans Chevetaines (*géné-raux*)

» Pour le Roi en toutes batailles.
« Un jour que la Hire & Poton
» Le (*Roi*) vindrent voir pour feftoiement
» N'avoit qu'une queue de mouton
» Et deux poullets tant feulement.
« Dunois, Bouffac, Poton, la Hire,
» Vaucourt, le fieur de Villars
» Si vaillamment qu'on pourroit dire
» Se (*à la défenfe d'Orléans*) y portèrent de toutes parts :
« Et là (*à la défenfe d'Orléans*) le Comte de Dunois,
» L'Admiral, Poton, la Hire,
» Vaucourt, & autres Chiefs François,
» Firent grand vaillance à veoir (*vrai*) dire.
» Là (*au facre de Charles VII*) furent les Ducs de Bourbon,

monument plus ancien que cette Chronique, où il soit parlé de ce

» Allençon, Vendome, Dunois,
» Richemont, la Hire, Poton,
» Et tous les vaillans Chiefs François.

« Durant ledit siége (*de Soissons*,) la
Hire,

» Si passa seine sur le tart,
» Et d'eschelles prit sans mot dire
» La place de Chasteau-Gaillard. «

La Hire défit à Gerberoy les Anglois qui étoient allés pour le surprendre.

« Après pour secourir Arrefleur
» Le Roi y envoya Dunois,
» La Hire, Gaucourt, & la fleur
» Des bons Capitaines François.

« Au siége de Pontoise estoient
» Prégent, Coitivy Admiral,
» Flocquet, Brézé, Poton, la Hire,
» Loheac, Culant Maréchal,
» Si vaillans Chiefs qu'on pourroit dire.
Au même siége,

« Jaillet, Joachin & la Hire

jeu : on eft donc en droit de con-
clure que les Cartes ont été inventées en France, & que nos voifins
les ont empruntées de nous.

Dame eft un terme François : il
vient du Celtique *Dam*, qui figni-

» Eftoient ceux qui efcarmouchoient
» Si vaillamment qu'on pourroit dire,
» Et tant qu'Anglois d'eux n'aprouchoient.
 « Quant à la Hire & Salezart,
» Tous ceux (*des ennemis*) qui en leurs
 mains venoient
» Si eftoient bien en grant hazard
» Car guères fi n'en retournoient. «

Le Franc Archier de Baignollet raconte
ainfi fes exploits dans Villon.

 « J'ay fait raige avec la Hire
» Je l'ay fervy treftou mon aage
» Je fus gros Valet & Page,
» Archier, & puis je pris la lance, &c.

Olivier de la Marche dit que Poton de
Saintrailles & la Hire étoient deux des
principaux & des plus renommés Capitaines du parti des François.

sioit une personne distinguée de l'un ou de l'autre sexe : *Sieur, Seigneur, Dame.* On trouve souvent dans nos vieux Livres *Dame Diex* (*c*), pour

(*c*) Dans une vieille Bible Françoise manuscrite qui est dans la Bibliothéque du Roi, les mots Latins *Dominus Deus* sont toujours rendus par *Dame Diex.* Le cri des Ducs de Normandie étoit *Dame Diex aye*, Le Seigneur Dieu aide.

On lit dans Guillaume Guiart, auteur du douziéme siécle :

« Se *Dame Dieu* n'eust

» À Richart mué son courage «

Dans le Roman de Garin :

« Grands miracles fit *Dame Dex* par lui. «

Dans la Chronique de Bertr. du Guesclin :

« Et jura *Dame Dieu* qui maint le firmament. «

Les anciennes Chroniques écrivent indifféremment *Damp, Dan, Dam, Dant.* On lit toujours dans Petit-Jehan de Saintré,

Seigneur Dieu. Les payfans en quelques endroits de Franche - Comté

Damp Abbé, pour *Dam* Abbé. L'Abbé de
Honnecour eft toujours appellé *Damp*
Abbé, par Froiffart : (*tome* 1. *page* 44.)
Le Roi Henry de Caftille parlant à Meffire
Bertrand du Guefclin, lui dit *Damp* Ber-
trand : (*ibid. page* 294.) Les Rois de
Caftille Henry & Jean font appellés *Damp*
Henry, *Damp* Jean : (*tome* 2. *c.* 25, 29, 72.)
De *Dam* on a fait le diminutif *Damoi-
fel, Damoifeau,* qui fignifioit ancienne-
ment *Seigneur.* Philippe Mouskes vieux
Poéte François, appelle S. Louis *Damoi-
fel* de Flandres, pour marquer qu'il en étoit
le Seigneur fouverain. Il eft parlé dans le
Moine, anonyme de S. Denys, du *Damoifeau* de Rochefort, & du *Damoifel* de
Mont - joie. On voit dans Olivier de la
Marche, le *Damoifeau* de Rodemac, & le
Damoifeau de Souleuvre. Le Seigneur
d'Hinfebeck eft nommé dans Monftrelet,
le *Damoifeau* d'Hinfebeck. Dans le Codicile
d'Hugues de Gouhenan Chevalier, de l'an
1318, dépofé à l'Officialité de Befançon,
le Seigneur de Rup eft qualifié *Damifel* de
Rup. Le Seigneur de Commercy fe nomme
encore aujourd'hui *Damoifeau* de Com-

disent : *Oui Dame*, pour *Oui Monsieur*. Ce mot est encore en usage dans son composé *Vidam* : le Vidame d'Amiens, le Vidame de Chartres.

mercy. Dans un titre de la Chambre des Comptes de Dôle, de 1256 : Otton de Bannans *Damoisel*. Dans un titre du Chapitre de Besançon de 1274 : Thibaud d'Avannes *Damoisel*. Dans le Testament de Jean de Chantonay, de l'an 1321, déposé à l'Officialité de Besançon : Guy d'Avadans *Damoisel*. Souvent on donnoit ce titre, non pas aux Seigneurs des terres, mais à leurs enfans, & aux Gentilshommes qui n'étoient pas Chevaliers. Ainsi au troisiéme livre d'Amadis des Gaules, chapitre 3, les titres de *Damoisel* & d'*Écuyer* sont donnés à Novendel, (il est nommé Norendel & Norandel dans les Hauts faits d'Esplandian,) qui demandoit Chevalerie ; lequel l'ayant reçue, n'est plus qualifié de ces titres, mais de celui de *Chevalier*. Le Prince de Galles fils d'Édouard, est appellé *Damoisel* dans Froissart. Le même Auteur nomme *Damoisel*, le Prince fils du Comte de Flandres & le Prince fils du Comte de Hainaut, de même que le neveu du Comte de Donglas. Le fils aîné du Comte de

Valet est un mot François. *Was* en Celtique signifie en général un homme de service. Comme il y a de deux genres de services, l'un qui se rend dans la maison & pour les affaires domestiques; l'autre qui se rend au dehors & dans les armées; le mot *Was* jusqu'au neuviéme siécle a signifié indifféremment des domestiques & des gens de guerre. Depuis ce temps il ne s'est pris que dans ce dernier sens jusqu'au regne de François I. On ne soudoyoit point autrefois ceux qui composoient les armées, ainsi qu'on le fait au-

Salaines, est nommé dans Montrelet, *le Damoisel de Salaines*. Le même Historien appelle le fils du Duc de Cléves, le *Damoisel de Cléves*. L'Auteur de la vie du Chevalier Bayard, le nomme *Damoisel* lorsqu'il étoit jeune. Fauchet appelle Louis fils de Philippe I, qui fut depuis Louis le gros, le *Damoisel* Louis. On voit dans un titre du Prieuré de Gigny de l'an 1314, Oudet de Laubespin *Damoisel*, fils de Guillaume de Laubespin Chevalier.

jourd'hui. Le Prince ou le Seigneur donnoit une terre ou fief à charge du service militaire. Celui qui à raison de cette terre ou fief, étoit tenu de venir à l'armée, s'appelloit *Vas* ou *Vassal*. Comme il n'y avoit alors que ces Vassaux qui portassent les armes, on les nomma aussi *Milites*, Guerriers (*d*). Lorsqu'on eût institué la Chevalerie, on qualifia *Chevaliers*, ceux de ces Vassaux qui l'avoient reçue : & on appella *Vasselets*, *Vaslets*, *Valets*, *Varlets*, *Vallez*, (*e*) les fils des Vassaux, des plus grands Seigneurs, des Souverains même, qui n'avoient pas encore

(*d*) On contraignoit les Vassaux, qui refusoient de venir à l'armée, par la caption de leurs biens, en mettant à leurs maisons mangeurs à leurs dépens. Ce sont les termes d'un Mandement de Charles VI, que Monstrelet nous a conservé dans sa Chronique : (*part.* 1. *c.* 144.)

(*e*) C'est en ce sens qu'on trouve dans nos anciens Auteurs Latins, & dans une

été armés Chevaliers. On donnoit aussi à ces *Valets* le nom d'Écuyers,

Charte de 1204, le terme *Vasletus*.

Villehardouin appelle *Valet de Constantinople*, Alexis fils de l'Empereur Isaac Comnéne.

« Ensi furent li messages envoyés en
» Allemagne al *Valet de Constantinople* &
» al Roy Phelippe d'Allemagne. (*Liv.* 1.)
« Et après une autre quinzaine revin-
» drent li messages d'Allemagne, qui
» estoient al Roy Phelippe & al *Valet de*
» *Constantinople.* « (*Liv.* 2.)

Louis Roi de Navarre, Philippe Comte de Poictou, Charles, enfans de Philippe le Bel, & quelques autres Princes, sont qualifiés *Valets* dans un compte de 1313. *La Roque, Traité de la Noblesse.*

Dans un titre de 1297, Philippe le Bel qualifie *Valet* & *Damoiseau*, Aiméri de Poictiers.

Une Charte de 1293 commence ainsi : « Je Jofreis de Lezignen, Valet, Seignor de » Chastelachart. «

Froissart dans ses Chroniques, appelle Guy de Lusignan *Valet du Comte de Poictou.*

Dans le Roman de Rou, on lit de Guillaume le Conquérant :

Scutarii ; parce qu'ils portoient l'écu ou bouclier du Chevalier, auquel ils

« Guillaume fut *Vallet* petit
» À Falefe posé & norrit. «

Dans le même Ouvrage, on dit de Henri II Roi d'Angleterre :

« Cinquante-trois ans plus fa terre juftifa
» Emprès (*après*) la mort fon père qui *Valet* le laiffa. «

Dans le Roman de Guillaume au Faucon :

» Jadis eftoit un damoifeax (*Damoifeau*)
» Qui moult eftoit cointes (*agréable*) & beax (*beau;*)
» *Li Vallez* ot (*eut*) a nom Guillaumes :
» Chercher peut-on vingt réalmes (*Royaumes,*)
» Ains con peut trover fi gent (*beau,*)
» Et s'eftoit moult de hault gent (*lignée,*)
» Il n'eftoit mie (*pas*) Chevaliers.
» *Vallez* eftoit : fept ans entiers
» Avoit un Chaftelain fervi. «

ils s'attachoient pour faire leur pre- mières armes. Dans les dernières années du regne de Charles V, *Var- let* ou *Valet* se prenoit pour Écuyer & pour domestique. Il conserva ces deux sens (*Chronique de Petit-Jehan de Saintré,*) sous Charles VI, sous Charles VII, & tant que durèrent les Compagnies d'ordonnance for- mées par ce Prince. Ce terme à

Dans le Doctrinal Royal de Jean de Malingris :

» Li *Valet* fiert (*pique*) de l'éperon.
. . . .
» Li Rois qui voit tel abandon,
» L'enfant Royal prend à tenson (*répri-*
mande.)
» Li *Valet* cois (*s'arrétant*) sans faire bond,
» À Roi son père quiert (*demande*) par-
don. «

Savaris Vicomte de Thoars, dans une Charte de l'an 1260, prend la qualité de *Valez.* « Savaris Vicoens de Thoars » *Valez.* «

E

présent ne signifie plus qu'un serviteur (*f*).

(*f*) Il faut qu'il soit bien naturel d'employer le même terme pour désigner l'un
& l'autre service, puisque cela a toujours
été usité parmi nous. *Valet*, comme on
l'a vu, a signifié un homme de guerre
& un domestique. *Laquais* avoit autrefois
l'une & l'autre signification. Dans les
Chroniques imprimées à la suite de Monstrelet, on lit sous l'année 1479, que l'Ar-
chiduc Maximilien vint assiéger une place
nommée Malaunoy, dans laquelle étoit
un Capitaine Gascon nommé Remonnet,
» & avec lui sept à huit vingt *Lacquets* Ar-
» balestriers, aussi Gascons, « On lit dans
l'Histoire de Louis XII par Jean d'Auton:
part. 2. c. 6. « leur transmit soixante *Laquais*
» Gascons, & ne leur voulut bailler gens
» de cheval. « Brantome, dans son Discours sur les Colonels de l'Infanterie Françoise, dit que Monstrelet nomme *Laquais*
les gens de guerre qui servent à pied.
Dans la vie du Chevalier Bayard, on lit
qu'au siége de Pampelune, il y eut dans
l'armée Françoise « une si grande nécessité
» de souliers, qu'une méchante paire pour
» un *Laquais* coûtoit un écu.

Les Valets dans le jeu de Cartes étant représentés avec une épée & une hache d'armes, on ne peut douter que dans ce jeu on n'ait pris ce terme selon sa plus noble signification ; & qu'on n'ait voulu par ces personnages, désigner des Seigneurs, des Guerriers. D'ailleurs le nom des Héros qu'ils portent, ne permet pas de penser autrement.

As nom d'une des Cartes, n'a de signification qui puisse convenir à ce jeu en aucune langue qu'en Celtique, où il signifie Commencement, premier. C'est effectivement pour ce nombre que l'*As* est mis ; puisque le deux, le trois jusqu'à dix, le suivent : & si l'*As* n'étoit pas placé pour un, il y auroit dans ce jeu deux sans un ; ce qui seroit absurde (*g*).

(*g*) Selon le Père Daniel ce mot « *As* » est un mot Latin qui signifia d'abord » chez les Romains, le poids d'une livre » de cuivre, lequel fut comme leur pre-

E 2

On connoît de quelle nation est un homme par son langage. La langue Françoise des Cartes, si j'ose

» mière monnoie. Ce même mot a eu
» depuis diverses autres significations en
» matière de monnoie ; & même notre
» sol d'aujourd'hui, nous l'exprimons en
» Latin par le même mot *As* ou par celui
» d'*Assis* : de sorte que dans l'institution
» du jeu de Cartes, on n'a pu donner le
» nom d'*As* à cette Carte, qu'en la fai-
» sant regarder comme une piéce de
» monnoie ; & ainsi la primauté qu'on lui
» attribue sur toutes les autres dans ce
» jeu symbolique & militaire, (*le Piquet,*)
» montre clairement qu'on n'a eu en vue
» que d'exprimer la vérité de cette
» maxime qui a passé en espéce de pro-
» verbe ; sçavoir que l'argent est le nerf
» de la guerre, parce qu'il faut en être
» fourni pour l'entreprendre prudemment
» & pour la bien soûtenir. Charles VII
» (sous lequel on inventa le jeu de piquet
» selon le Père Daniel,) plus qu'aucun
» autre Prince avoit connu cette vérité
» par expérience. C'est donc pour cela
» que *l'As* dans le jeu de Piquet est la
» première de toutes les Cartes. »

m'exprimer ainſi, montre que ce jeu eſt né parmi nous. Eſſayons à préſent d'en pénétrer l'ordonnance & le deſſein.

Le Père Meneſtrier croit que les quatre Rois ſont les emblêmes des quatre grandes Monarchies. Mais ſi l'Auteur des Cartes avoit eu cette vue, il auroit choiſi les fondateurs des quatre grands Empires : Ninus pour les Aſſyriens, Cyrus pour les Perſes, comme Alexandre pour les Grecs, & Céſar pour les Romains.

Le même Auteur penſe que le

Il ne faut pas chercher dans le Latin, le mot *As* que nous employons dans le jeu de Cartes. On ne prend point dans une Langue étrangère, les termes d'un jeu que l'on invente pour amuſer une nation. C'eſt donc dans la Langue Françoiſe qu'on doit trouver la ſignification de ce mot, de même que nous y avons découvert celle des termes *Dame* & *Valet.* *As* eſt un terme Celtique, qui ſignifie Commencement, principe, ſource, premier.

E 3

jeu de Cartes forme l'image d'un Royaume. On y voit des Rois, des Reines, des Chevaliers ou Valets qui désignent la Noblesse. Le Cœur, selon ce Sçavant, marque les gens d'Église, parce qu'ils sont souvent au chœur : le Pique, les gens de guerre ; le Carreau, les bourgeois, parce que les salles des maisons sont carrelées (*h*) : le Trefle, les laboureurs & gens de la campagne.

(*h*) Les chambres basses des bourgeois n'étoient point carrelées en ce temps-là. Le sol battu servoit de plancher, de tables & de carreaux, ainsi qu'il est encore d'usage à la campagne, & même dans les rues écartées des villes. Les gens riches & aisés mettoient des nattes sur ce sol. Coquillart dans l'enquête entre la simple & la rusée :

« Lequel estoit fort coustumier

» En chambre nattée loing de rue. «

La salle à manger de Damp Abbé, dans Petit-Jehan de Saintré, est natée. (*C.* 69.) Villon, dans les Contredits de Franc-Gontier, indique cet usage :

Le Père Daniel rejette cette explication du Père Menestrier. Il

> « Sur mol duvet assis un gras Chanoine
> » Lez (*près*) un brasier, en chambre
>
> bien nattée. «

On jonchoit de paille les écoles de Philosophie & de Médecine à Paris. Les écoliers se mettoient sur cette paille, lorsqu'on faisoit des actes publics, du temps du Poéte Dant. Ramus, dans sa Préface pour la réformation de l'Université de Paris, faisant mention des écoles de Médecine : *Pro tapetis & stramine quodlibetariæ triginta solidi. In Cardinali pro tapetis & stramine triginta solidi.* C'est pourquoi Rabelais (*liv.* 2. 5. 17.) appelle les écoles de Paris, les écoles de feurre ou de paille. Loys d'Orléans (*ch.* 12.) dit qu'on souloit (*avoit coûtume*) anciennement couvrir de feurre, c'est-à-dire de paille & de foin, les salles où les Grammairiens disputoient, & que cela se pratique encore en quelques Églises de France, durant certaines solemnités, pour empêcher le froid des pieds. La coûtume de couvrir le parterre des salles, de joncs & de fleurs, aux jours des grandes solemnités, est fort ancienne.

E 4

dit qu'avancer que le Cœur est le symbole des gens d'Église, parce

Le Roman de Guillaume au Court-nez, décrivant la magnificence de la Cour que tenoit Charlemagne à Saint Denis :

» El moſtier fu, & li glais, & li jons,

» Roſes & lis & mentaſtre par-tout.

Et Vanhier de Dodan, au Roman de Perceval le Galloys :

» Lors jen jonchier le pavillon,

» De fraiſches herbes environ.

On lit dans le Chartulaire de Vendôme, que le Comte Gui de Poiétou ſe baiſſa & prit un jonc verd ; car la maiſon avoit été récemment couverte de joncs, comme on a coûtume de faire lorſqu'on reçoit une perſonne de conſidération, un Seigneur, ou un ami. *Tunc inclinavit ſe Comes & accepit viridem ſcirpum : nam domus recenter erat juncata, ſicut ſolemus facere quando aliquem perſonæ potentis, vel Dominum ſuſcepimus, vel amicum.* Cet uſage avoit paſſé aux Égliſes, ainſi qu'il paroît par un Réglement de Saint Jaques de l'Hôpital de Paris, de l'an 1494: on y lit que le Crieur de la Confrérie doit may & herbes vertes pour la jonchée.

que les Eccléfiaftiques font fouvent au chœur, c'eft une efpéce de rébus, indigne de l'inventeur des Cartes, qui montre par-tout tant d'efprit. Il prétend de même que c'eft une idée trop baffe de défigner les bourgeois par le Carreau, à caufe que les falles des maifons font carrelées.

Mais le Père Daniel, qui eft fi verfé dans notre Hiftoire, a-t-il pu ignorer que les rébus étoient fort en ufage dans le quatorziéme fiécle ; qu'on les regardoit alors comme quelque chofe de très-ingénieux (*i*)? Il n'y a pas même long-temps que

(*i*). Le Dauphin fils de Charles VI fit mettre fur les étendards de fon armée, un K, un cygne, & une L ; défignant par ce rébus la Caffignéle, une des filles de la Reine, dont il étoit amoureux. Meffieurs de Guife avoient pour devife ces mots : *Chacun à fon tour.* Ils l'exprimoient par un rébus en renfermant deux *A* dans un *O.* La maifon de Saint Chaumont prend pour devife le mont Gibel enflammé, par allufion à fon nom, *Chaumont.*

nous fommes guéris de ce mauvais goût. Nous avons encore vu des perfonnes faire leur délices de ces miférables jeux d'efprit. Ce n'eft donc point par de femblables raifons qu'on peut renverfer le fyftême du Père Meneftrier ; il le faut attaquer par d'autres armes.

Tout jeu eft une efpéce de combat (*k*) ; & celui des Cartes en a

(*k*) N'eft-ce point par cette raifon que dans les anciennes langues, le même mot défigne le combat & le jeu. *Scachak* en Hébreu fignifie jouer & fe battre. *Chware* en Gallois qui eft l'ancien Celtique, a de même ces deux fignifications. En François *s'esbattre*, *fe divertir*, & *fe battre* ont une grande reffemblance. Nous appellons jeu de mains un ébat où l'on fe frape mutuellement. Il y a deux endroits dans Froiffart, où *jouer* femble fignifier *faire la guerre*.

Un brave Chevalier nommé le Bégue de Villaines, fut accufé de péculat & emprifonné par les ordres des Ducs de Berry & de Bourgogne Régens du Royaume. « Il fut fi bien aidé & eut tant d'amis » qu'il fut délivré hors de prifon, & eut

plus particulièrement l'apparence.
On y trouve des Rois, & des Rois

» pleine rémission de toutes choses. «
Mais lorsqu'il fut en liberté, ses parens &
ses amis lui dirent « qu'il s'ordonna & s'en
» alla jouer en Castille « où il possédoit
de grandes terres du côté de sa femme.
(*Vol* 4. *c.* 48.) Nous dirions aujour-
d'hui qu'on lui conseilla d'aller servir en
Castille, car les Chevaliers d'alors ne
croioient pas pouvoir vivre sans l'exercice
des armes. Le Comte d'Erby ayant été
banni d'Angleterre par le Roi Richard II,
(*vol.* 4. *c.* 93.) les Seigneurs de ce
Royaume dirent ainsi : « Monseigneur
» d'Erby pourra bien aller jouer & esbat-
» tre hors de ce Royaume deux ou trois
» ans. Il est jeune, & nonobstant qu'il ait
» assez travaillé en allant en Pruce & au
» Saint Sépulcre, au Quaire & à Sainte
» Catherine, il prendra autres voyages
» pour oublier le temps. Il sçaura bien où
» aller. Veez là ses sœurs ; l'une est
» Royne d'Espaigne ; l'autre de Portugal.
» Si pourra moult légérement passer le
» temps de lez elles : & le verront tous
» Seigneurs, Chevaliers & Escuyers des-
» dits Royaumes moult volontiers ; &

belliqueux, pour être à la tête de l'armée ; des Valets symbole des Vaſſaux, qui faiſoient la principale force de l'État. Les autres Cartes ſemblent déſigner tous ceux qui n'étoient pas nobles, que l'on commençoit alors à placer dans les troupes. Il y a quatre couleurs dans ce jeu pour repréſenter les quatre quadrilles des carrouſels. Le Cœur ſignifie le courage, la valeur ſi néceſſaire dans les batailles : le Pique, les armes offenſives, dont la principale étoit alors la pique ou la lance (*l*). Les armes défenſives ſont

» auſſi pour le préſent les armes y ſont
» moult refroidies : lui venu en Eſpaigne,
» (car il eſt de grande volonté,) il les
» émouvera, & mettra ſus, & ſe pourra
» faire un voyage en Grenade, ou ſur
» les mécréans. «

(*l*) Les mouſquets n'ont été en uſage que ſous le regne de Charles VI : on les appella d'abord *Canons à main*. C'eſt de ces canons à main qu'il faut entendre ce

marquées par le Carreau, qui eſt un bouclier loſangé (*m*). Le Treffle qui eſt un ſigne de la fertilité & de

que dit Juvénal des Urſins ſous l'an 1411, qué dans l'armée du Duc d'Orléans» il y » avoit quatre mille que canons que cou- » levrines. «

Ces mouſquets ſont décrits par le Moine anonyme de S. Denis : (*tome 2. page 960.*) Il dit qu'au ſiége d'Arras en 1414, « les » aſſiégés firent une continuelle décharge » de groſſes balles de plomb, qu'ils » tiroient avec des tuyaux de fer, par » plus de deux cent ouvertures qu'ils » avoient faites dans les murailles ; qui » cauſèrent la mort à beaucoup de gens. «

Lorſque Froiſſart, qui écrivoit ſous Charles VI, veut faire connoître la force d'une armée, il indique le nombre de lances qui s'y trouvoient ; ce qui montre que même après l'invention des mouſ-quets, la lance ou pique fut regardée pendant pluſieurs années comme l'arme principale.

(*m*) On en voit de cette forme dans la Colombière, & on les repréſente encore ainſi dans les écuſſons.

la bonté des pâturages , indique l'abondance des fourrages , principalement néceffaire à une armée , dans ces temps-là , où elle étoit prefque toute compofée de Gendarmerie.

Rien ne paroît oppofé à ce plan , que les Dames , qui ne femblent pas devoir fe trouver dans le tumulte des armes. Mais elles ne paroîtront point déplacées dans un jeu militaire , fi l'on fait attention au genre de galanterie qui regnoit pour-lors. C'étoit une maxime dans ce fiécle-là qu'il n'y avoit point de Chevalier fans Dame. Un Chevalier donnoit un défi (*n*) & fe battoit à outrance pour foûtenir que fa Maîtreffe l'emportoit en beauté fur toute autre.

(*n*) Amadis (*liv.* 2.) reconnoît qu'il doit à la Princeffe Orianne fa Maîtreffe la victoire qu'il a remportée fur un fameux Chevalier nommé Dardan.

Lorfqu'Amadis voulut tenter l'aventure de la chambre défendue , où Floreftan &

Il invoquoit sa Dame avant le combat ; il lui attribuoit sa victoire ;

Galaor ses frères n'avoient pu entrer, il tira son épée, s'adressant à Dieu & à sa chère Orianne. *Liv.* 5.

Le Chevalier Patin ayant gagné le cœur de Sadamire Reine de Sardaigne, & voulant l'assurer de sa tendresse, lui dit que pour l'amour d'elle il vouloit aller combattre deux Chevaliers de la Cour du Roi Lisuart, pour soûtenir sa beauté contre celle d'Orianne. *Ibid.*

Amadis sur le point de combattre le géant Famangomad, s'adresse ainsi à Orianne qui étoit alors en un palais qu'il découvroit. « Ô Dame & Souveraine de » mes pensées ! je n'entrepris rien jamais » que par vous ; & quand je suis si près » de vous, pourrois-je ne pas exécuter » ce qui intéresse si fort votre tranquilli- » té ? « *Liv.* 6.

Gasquilan Roi de Suéde vient pour combattre Amadis, à cause qu'une Dame qu'il aimoit, souhaitoit de lui cette preuve de tendresse. *Liv.* 7.

Amadis voyant pleurer Gandalin à la vue du péril qu'il alloit courir en combattant l'Andriaque : « Ne crains rien, mon

quelque fois il ordonnoit qu'on lui portât son cœur après sa mort. Ce que Michel

» ami , (lui dit ce Chevalier ;) avec le
» souvenir de la belle Orianne on ne peut
» rien redouter : c'est son amour qui
» m'anime , & graces à Dieu , j'en sortirai
» sain & sauf , & plus digne de sa ten-
» dresse. » *Liv.* 8.

Grafinde demande à Amadis d'aller à la Cour du Roi Lisuart, où sont rassemblées les plus fameuses Beautés de la terre :
» Vous y serez , mon Chevalier , (lui dit-
» elle ,) & vous combattrez contre qui-
» conque osera soûtenir que je ne suis pas
» la plus belle fille du monde. « *Liv.* 9.

Carmelle demande à Léonorine au nom d'Esplandian , la grace d'être son Chevalier, d'être à elle jusqu'à la mort. Léonorine accepte Esplandian pour son Chevalier , & donne à Carmelle un ruban d'or auquel étoit attachée une agraffe de diamans d'un prix inestimable , en lui disant : « Qu'Esplandian garde ce ruban
» pour l'amour de moi. « *Hauts faits d'Esplandian , liv.* 1.

Esplandian , après avoir vaincu & tué le géant Bramato , n'exige de ses gens qui se jettèrent à ses pieds pour implorer sa

Michel de Cervantes fait faire à son Héros fabuleux se pratiquoit véri-

clémence, que d'aller à Constantinople se donner de sa part à l'Infante Léonorine. *Ibid.*

On avertit l'Infante Léonorine, qu'une Dame & deux Chevaliers venoient pour lui rendre hommage au nom du Chevalier noir, (c'étoit Esplandian,) qui avoit vaincu pour elle les géans Furion & Matroco. *Ibid.*

Norandel s'offre à la Reine Ménorése qui veut bien le recevoir pour son Chevalier. *Le même, liv. 2.*

Voici un des avis que la Dame aux belles cousines donne à Petit-Jehan de Saintré qu'elle entreprend de former & de rendre un parfait Chevalier. « Il sera » en fait d'armes le mieux & le plus nou- » vellement armé, monté & habillé, & » pour amour de sa Dame fera armes à » pied & à cheval. «

Au premier pas que fit Saintré pour combattre Enguerrand de Servillon, il s'écria à haute voix : « Ha ! ma très-doulce » Dame à qui je suis. «

Saintré victorieux d'un Baron Polonois, lui dit pour le consoler, que dans ce

F

tablement autrefois ; & Dom Qui-
chotte n'invoque Dulcinée que pour
combat il n'a fait que porter la lance,
» car ma très-redoutée Dame fait le sur-
» plus. « Racontant ce combat à la Dame
aux belles cousines, il attribue sa victoire
à sa Dame : « Et si aucune chose y a été
» par moi faite, c'est par celle que Dieu
» me doint bien servir. «

La Dame aux belles cousines invite
Saintré d'aller en Prusse combattre les
infidéles. « Quand Saintré entend ce très-
» noble & hault vouloir de Madame,
» incontinent à genoulx se mist : lui dit,
» Ha ! ma très-noble Déesse, celle qui
» me peut & doit assez plus commander,
» & celle à qui je vueil & doy obéir. «
Ailleurs il appelle encore sa Dame « sa
» très-noble & doulce Déesse. «

La Dame aux belles cousines dit à
Saintré : « Vous vouerez aux Dames, à
» vostre Dame faicte ou à faire, que
» pendant un an vous porterez un bra-
» celet d'or, que vous ne céderez qu'au
» Chevalier qui vous aura vaincu. «
Chron. de Saintré.

Lorsque le Roi Édouard III déclara la
guerre au Roi Philippe, parmi les Anglois

imiter les anciens Chevaliers, qui invoquoient leur Dame avant que

qui passèrent la mer, il y avoit plusieurs jeunes Bâcheliers ; « qui avoient chacun
» un œil couvert de drap, afin qu'ils n'en
» pussent voir : & disoit'on que ceux-là
» avoient voué aux Dames de leur pays
» que jamais ne verroient que d'un œil,
» jusqu'à ce qu'ils auroient fait aucunes
» prouesses de leur corps au Royaume
» de France. « *Froissart, vol.* 1. *c.* 29.

Un Chevalier Anglois de l'armée de Robert Knolles, voua de venir heurter de sa lance aux barrières de la ville de Paris, & accomplit son vœu. *Ibid. c.* 288.

Le Sire de Langurant Chevalier François quitte sa troupe, vient aux barrières de Cadillac, demander à Bernard Courant qui commandoit dans cette place pour les Anglois, une jouste de fer de lance pour l'amour de sa Dame : celui-ci acquiesça à sa demande. *Ibid. vol.* 2. *c.* 28.

Les François ayant rencontré les Anglois près de Pastoy en Normandie, « Messire
» Lancelot de Lorris Chevalier François,
» le glaive au poing, la targe (*le bouclier*)
» au col, demanda une jouste pour
» l'amour de sa Dame, qui lui fut accor-

de combattre. Nous sommes éton-
nés de ces usages extravagans ; mais

» dée par Messire Jehant de Copelant
» Chevalier Anglois. Cette jouste fut faite
» en présence des deux troupes, qui
» regardèrent tranquillement ce combat. «
Froissart, vol 2. c. 33.

À l'escarmouche de Toury, un Écuyer
de Beausse vint à la barrière, & dit aux
Anglois, s'il n'y avoit point parmi eux
de Gentilhomme, qui pour l'amour de
sa Dame voulût faire quelques faits d'armes. « S'il y en a quelqu'un, continua-t-il,
» me voici tout prêt pour sortir dehors
» armé de toutes piéces, pour jouster
» trois coups de glaive, frapper trois
» coups de hache & trois coups de dague :
» on connoîstra à la proposition que je
» fais, s'il y a quelque Anglois qui soit
» amoureux. « Le défi fut accepté par un
Écuyer Anglois ; & ils se battirent à deux
différens jours au milieu de l'Armée An-
gloise. *Ibid. c. 55.*

Jean de Verchin Sénéchal de Hainault
envoya en divers pays le défi suivant. «
» À tous Chevaliers, & Escuyers, Gen-
» tilshommes de nom & d'armes sans
» reproche : Je Jehan de Verchin, Che-

doit-on être surpris de voir du ridicule parmi les hommes ?

» valier, Sénefchal de Hainault, fais fça-
» voir à tous, qu'à l'aide de Dieu, de
» Noftre Dame, de Monfeigneur Saint
» George, & de Madame, ferai, le premier
» dimanche du mois d'aouft prochain,
» venant à Coucy, preft pour le lendemain
» faire les armes qui cy-après font écrites.
Il indique les armes dont on fe fervira &
les conditions du combat. Enfuite il ajoûte :
« Et quand auray accompli ce que deffus
» eft dit, ou que le jour fera paffé, je avec
» l'aide de Dieu, de Noftre Dame, de
» Monfeigneur S. George, & de Madame,
» me partiray de ladite ville pour aller à
» S. Jacques en Galice : « affurant que fi
fur fa route, il fe trouve quelque Gentilhomme qui veuille faire des armes avec
lui, il le combattra avec l'aide de Dieu &
de fa Dame. *Monftrelet, vol.* 1. *c.* 8.

Le Duc d'Orléans inftitua en 1413,
l'Ordre du fer d'or. Le motif de cet éta-
bliffement, difoit ce Prince dans fes Lettres d'inftitution, étoit de fuir l'oifiveté,
fource ordinaire des crimes, de fe fignaler
par des faits d'armes, qui méritaffent
l'amour d'une belle Dame qu'il fervoit.

Le Père Daniel dit que les Carreaux des Cartes représentent des

Les Chevaliers devoient avoir les mêmes vues. *Hist. de Charles VI par le Laboureur, liv.* 3. *page* 303.

Le Duc Jean de Bourbonnois fit publier en 1414, ces Lettres de défi. « Nous
» Jean, Duc de Bourbonnois, Comte
» de Clermont, de Fois, & de l'Isle,
» Seigneur de Beaujeu, Per & Chambrier
» de France, desirant eschiver oisiveté,
» & explecter nostre personne, en advan-
» çant nostre honneur par le mestier
» des armes, pensant y acquerir bonne
» renommée, & la grace de la très-belle,
» de qui nous sommes serviteurs, avons
» n'aguères voué & empris, que nous
» accompagné de seize autres Chevaliers
» & Escuyers de nom & d'armes, c'est à
» sçavoir l'Admiral de France Messire
» Jean de Chaslon, le Seigneur de Bar-
» basen, le Seigneur du Chastel, le
» Seigneur de Gaucourt, le Seigneur de
» la Heuze, le Seigneur de Gamaches, le
» Seigneur de S. Remy, le Seigneur de
» Monsures, Messire Guillaume Bataille,
» Messire Drouet d'Asnières, le Seigneur
» de la Fayette, & le Seigneur de Poular-

traits ou espéces de fléches qui se
tiroient avec l'arbalête, parce qu'el-

» ques, Chevaliers ; Carmalet, Loys
» Cochet, & Jean du Pont, Escuyers ;
» porterons en la jambe senestre chascun
» un fer de prisonnier pendant à une
» chaisne, qui seront d'or pour les Che-
» valiers, & d'argent pour les Escuyers,
» par tous les dimanches de deux ans
» entiers, commençans le dimanche pro-
» chain après la date de ces présentes, ou
» cas que pluftoft ne trouverons pareil
» nombre de Chevaliers, & Escuyers de
» nom & d'armes sans reproche, que tous
» ensemblement nous veuillent combattre
» à pied jusques à outrance, armés chas-
» cun de tel harnois qu'il lui plaira, por-
» tant lance, hasche, espée, & dague,
» ou moins de baston de telle longueur
» que chascun vouldra avoir ; pour estre
» prisonniers les uns des autres ; par telle
» condition que ceux de nostre part qui
» seront outrez, soient quittes en baillant
» chascun un fer & chaisne pareils à ceux
» que nous portons ; & ceux de l'autre
» part qui seront outrez seront quittes
» chascun pour un bracelet d'or aux
» Chevaliers, & d'argent aux Escuyers,

F 4

les étoient plus fortes & plus peſan-
tes que les autres. Ces traits ſont

» pour donner là où bon leur ſemblera,
» &c. «

On lit dans l'Hiſtoire de Charles VI par
Juvenal des Urſins, qu'un grand Seigneur
d'Angleterre nommé Cornouaille, paſſa
en France l'an 1409, pour faire armes à
outrance pour l'amour de ſa Dame. *Page*
199.

Dans le tournoi qui ſuivit la cérémonie
de la promotion du Roi de Sicile à l'Ordre
de Chevalerie, les vingt-deux Chevaliers
qui devoient joûter, furent conduits dans
la lice par vingt-deux Dames qui les
tenoient liés avec des cordons de ſoie.
Chroniques de S. Denis, an 1389.

Dans le célébre tournoi que Richard
Roi d'Angleterre fit faire à Londres l'an
1390, chacun des ſoixante Chevaliers qui
devoient joûter, fut mené dans la lice
par une Dame qui le tenoit enchaîné
avec une chaîne d'argent. *Froiſſart, vol.* 4.
page 85.

Dans la fête magnifique que Philippe
le Bon donna l'an 1453, dans la ville
de Lille, ce Prince promit d'accompagner
le Roi de France à la Terre ſainte, & fit

nommés dans nos anciens Historiens qui ont écrit en Latin, *Quadrellus, Quadrilus, Quadrum, Quarellus :*

ainsi son vœu. « Je voue tout première-
» ment à Dieu mon créateur, & à la
» glorieuse Vierge Marie, en après aux
» Dames & au faisant, &c. « Le Comte
de Charolois, le Duc de Cléves & les
Seigneurs de la Cour du Duc de Bourgogne prononcèrent le même vœu, en se
servant des mêmes expressions.

Le Comte de S. Paul, en 1453, fit le
vœu suivant. « Je voue aux Dames &
» au faisant, que avant qu'il soit six
» sepmaines, je porterai une emprinse
» en intention de faire armes à pié & à
» cheval : laquelle je porterai par jour
» & la plus partie du temps ; & ne la
» lairray pour chose qu'il m'advienne, si
» le Roi ne me le commande : ou si
» armée se face aller sur les Infidéles par
» le Roy en sa personne, par son com-
» mandement, ou autrement, si c'est le
» bon plaisir du Roy, j'iray en ladite
» armée de très-bon cœur, pour faire
» service à la Chrestienté, & mettray
» peine au plaisir de Dieu, d'estre des
» premiers qui assembleront avec lesdits

& dans nos vieux Romanciers, *Quarriau, Carrel, Quarrau, Carriax, Garrot.*

» Infidéles. « *Remarques sur Olivier de la Marche*, page 450.

« Le Duc de Nemours prit les couleurs » de la Duchesse de Ferrare, qui estoient » de gris & de noir. « *Vie du Chevalier Bayard*, c. 47.

Le sage, le vaillant Chevalier Bayard, pour déférer à la mode de galanterie qui regnoit, mit à ses bras les bracelets que lui avoit donné une Demoiselle à qui il avoit sauvé l'honneur & la vie. *Ibid. c. 51.*

M. de Randan étant à Mets, un Cavalier de Dom Louis d'Avila, Colonel de la Cavalerie de l'Empereur, se présenta, & demanda à tirer un coup de lance pour l'amour de sa Dame. M. de Randan le prit aussi-tôt au mot par le congé de son Général ; & s'étant mis sur les rangs, fut, ou pour l'amour de sa Maîtresse qu'il épousa depuis, ou pour l'amour de quelqu'autre bien grande, jousta si furieusement & dextrement, qu'il emportât son ennemi par terre demi-mort. *Brantome, tome 4. page 218. 219.*

M. de Nemours, lorsqu'il étoit en

Mais on n'a qu'à jetter les yeux
fur la figure du Quarrau ou Garrot

Piémont, envoya un jour défier le Marquis de Pefcaire à donner coup de lance
à fer émoulu, fut, ou pour l'amour des
Dames, ou pour la querelle générale : le
combat fut auffi - tôt accepté. *Brantome,*
tome 3. *page* 9. 10.

Brantome parlant du Duc François de
Guife, dit qu'il étoit veftu d'un pourpoint
& chauffes de fatin cramoifi : « car de
» tout temps il aimoit le rouge & l'incar-
» nat : je dirois bien la Dame qui lui
» donna cette couleur. « *Ibid. page* 77.

Le Comte d'Effex, Général des Troupes
que la Reine Élizabeth avoit envoyées à
Henri I V, donna un défi à l'Amiral
André de Villars-Brancas, qui commandoit les troupes de la Ligue dans Rouen.
Sa Lettre portoit que s'il vouloit, il le
combattroit à cheval ou à pied, armé ou
en pourpoint ; & maintiendroit que la querelle du Roi étoit plus jufte que celle de
la Ligue ; qu'il étoit meilleur que lui ; &
que fa Maîtreffe étoit plus belle que la
fienne : que fi Villars refufoit de venir
feul, il méneroit avec lui vingt Combat-
tans, dont le moindre defquels feroit

que le fameux Ambroise Paré (*liv.* II. *c.* 18,) nous a conservé dans

partie digne d'un Colonel ; ou soixante dont le moindre seroit Capitaine. Villars répondit par écrit : qu'il n'étoit pas en son pouvoir d'accepter ce défi pour cette heure-là, & que la charge où il étoit employé, lui ôtoit la liberté de disposer particulièrement de lui : mais que lorsque le Duc de Mayenne seroit arrivé, il ne refuseroit point la partie, de quelque sorte que le Comte voulût la nouer. Que cependant, pour répondre à la fin de sa Lettre, il lui disoit que s'il vouloit maintenir qu'il fût meilleur que lui, il en avoit menti, aussi-bien que lorsqu'il disoit que la querelle qu'il soûtenoit pour la défense de la Religion n'étoit pas meilleure que de ceux qui s'efforçoient de la détruire. Et pour la comparaison de sa Maîtresse, il ne le croyoit non plus véritable en ce point qu'aux deux autres : toutefois que ce n'étoit pas chose dont il se mît fort en peine pour cette heure-là. *Hist. de France par Mézeray.*

C'étoit dans l'antiquité un usage reçu parmi les joueurs, d'invoquer les Dieux ou leur Maîtresses, avant que de jetter

ses œuvres, pour voir que le fer de cette arme qui est pyramidal, n'a aucune ressemblance avec le Carreau des Cartes.

Le Père Menestrier estime que les quatre Dames Rachel, Pallas, Judic qu'il nomme Judith, & Argine qu'il croit être l'anagramme de *Regina*, expriment les quatre manières de regner, par la beauté, par la sa-

les Osselets. *Plaute : Curculion, acte 2, scéne 3.*

Amadis tomba évanouï des blessures qu'il avoient reçues en combattant l'Andriaque. Revenu à lui & arrêtant les yeux sur Gandalin, il lui dit : Mon Ami, je me meurs ; promets moi de porter mon cœur à la fidéle Oriane. *Liv.* 8.

Un Poéte du temps décrit l'histoire du châtelain de Coucy, qui partit pour la Croisade passionnément amoureux de la femme d'un Gentilhomme son voisin, & qui mourant dans le voyage, chargea un de ses amis de faire embaumer son cœur, & de le porter à sa Dame : ce qu'il fit. *Fauchet, Poétes François, l. 2. c. 17.*

gesse , par la piété , par le droit de la naissance.

Le Père Daniel propose d'autres conjectures sur les quatre Dames.

« L'une (dit cet Auteur,) est Pallas
» Déesse de la guerre, la sagesse
» même, comme étant née du cer-
» veau de Jupiter, recommandable
» par sa chasteté, & qui fut l'uni-
» que des Déesses du premier ordre
» qui ait gardé le célibat. Je ne vois
» dans le regne de Charles VII,
» qu'une seule Héroïne où, selon
» nos Histoires, ces trois qualités
» de guerrière, de sage & de chas-
» te, se soient trouvées assemblées.
» C'est Jeanne d'Arc, la fameuse
» Pucelle d'Orléans. Elle tient à sa
» main un lys. Ce fut le nom que
» Charles VII donna à sa famille,
» qui a long-temps subsisté sous le
» nom de *du Lys*. Cette application
» est si naturelle, que je ne crois
» pas que personne y trouve à
» redire. Charles VII qui lui fut

» redevable du rétabliſſement de ſes
» affaires, leſquelles avant qu'elle
» ſe mît à la tête de ſes troupes
» pour défendre Orléans & en faire
» lever le ſiége, étoient en très-
» mauvais état; Charles VII, dis-
» je, voulut par reconnoiſſance,
» lui donner place dans ce jeu mili-
» taire. «

« La Dame de Treffle, continue
» le Père Daniel, s'appelle Argine.
» C'eſt un nom qui ne ſe trouve ni
» dans les hiſtoires, ni dans les fables,
» ni dans la Mythologie des Déeſſes.
» Je dis que c'eſt la Reine de France
» Marie d'Anjou, femme de Char-
» les VII. Il étoit convenable qu'on
» lui donnât une place dans ce jeu
» myſtérieux, où elle voulut déguiſer
» ſon nom. Mais quel rapport peut
» avoir à la Reine, ce nom d'Argine
» purement feint ? Voici le myſtère :
» c'eſt que l'anagramme de *Regina*
» eſt Argine : ainſi l'on trouva place
» à la Reine dans ce jeu par l'ana-

» gramme de fa qualité de Reine.

« Rachel eft la Dame de Carreau.

» On fçait que cette Dame eft célé-
» bre pour fa beauté , dans les
» écritures de l'ancien Teftament.
» Charles VII auroit pu tirer d'ail-
» leurs le perfonnage qui devoit
» repréfenter la Dame que je crois
» qu'il a voulu défigner ici : mais
» en ce temps - là on n'y regardoit
» pas de fi près à la Cour. Je penfe
» donc qu'il a voulu, fous la figure
» de la belle Rachel , repréfenter
» la fameufe Agnès Sorel fa Maî-
» treffe, qu'on appella Madame de
» Beauté , à caufe du château de
» Beauté fur Marne , dont il lui fit
» préfent. Ce fut non feulement une
» libéralité mais encore une allufion
» galante qu'il fit à fa beauté , en
» lui faifant ce don.

» Judith eft la Dame de Cœur.
» Je regarde comme un faux pré-
» jugé , de penfer , comme on le
» croit communément , qu'il s'agit
» ici

» ici de Judith qui coupa la tête
» à Holopherne. J'ai là-dessus une
» autre pensée ; sçavoir, que dans
» cette Carte a été représentée une
» autre Judith Reine de France,
» Impératrice & femme de Louis le
» Débonnaire. J'ajoûte que dans
» cette peinture, Charles VII y a
» voulu figurer Isabeau de Bavière,
» Reine de France, sa mère, &
» femme de Charles VI. Voici les
» convenances qui appuyent cette
» idée.

» Louis le Débonnaire avoit épou-
» sé Ermengarde, dont il eut trois
» fils, Lothaire, Louis, & Pepin.
» Il partagea son empire entre ces
» trois Princes. Il fit Lothaire, Roi
» d'Italie, & l'associa à l'Empire :
» il fit Louis, Roi de Bavière ; &
» Pepin, Roi d'Aquitaine. Quelque
» temps après Ermengarde mourut,
» & l'Empereur épousa Judith,
» d'une des plus illustres familles de
» son Empire. Il en eut un fils, qui

G

» fut Charles, depuis surnommé le
» Chauve & Roi de France. Judith
» qui avoit beaucoup d'esprit &
» d'ascendant sur l'Empereur son
» mari, obtint de lui qu'il donne-
» roit aussi de son vivant un partage
» à son fils Charles : mais ce par-
» tage ne pouvoit être fait qu'aux
» dépens des fils du premier lit,
» dont il démembra les domaines
» pour former celui de Charles.
» Cela produisit une révolte de ces
» trois Princes contre leur père,
» & une cruelle guerre civile qui
» mit toute la France en combus-
» tion, ruina toutes les provinces;
» & la chose alla si loin que les
» trois fils mécontens déthrônèrent
» l'Empereur leur père. Ce fut
» l'Impératrice Judith qui fut cause
» de tout ce desordre.

« On sçait qu'Isabeau de Bavière
» fut aussi la principale cause des
» malheurs qui renversèrent la Fran-
» ce de fond en comble sur la fin

» du regne de Charles VI, & durant
» plusieurs années de Charles VII.
» Il y eut cette différence entre
» l'Impératrice Judith & la Reine
» Isabeau, que Judith causa la ruine
» de l'État par la tendresse qu'elle
» avoit pour son fils Charles, &
» qu'Isabeau de Bavière le fit pour
» la haine qu'elle conçut contre son
» fils Charles VII. Elle s'unit avec
» le Duc de Bourgogne & les
» Anglois ; fit deshériter son propre
» fils Charles VII ; déclara Henry V
» Roi d'Angleterre qui avoit épousé
» sa fille Catherine, héritier de la
» Couronne de France & Régent de
» ce Royaume pendant le reste de
» la vie de Charles VI : d'où suivi-
» rent les longues & funestes guerres
» civiles, dont Charles VII eut bien
» de la peine à se débarrasser ; mais
» il vint à bout de reconquerir son
» Royaume ; ce qui lui fit donner
» le nom de Victorieux. Or je dis
» que c'est l'Impératrice Judith qui

G 2

» est représentée sur la Carte, &
» qu'elle y est mise pour être la
» figure de la Reine Isabeau de
» Bavière. Ces deux Princesses,
» toutes deux Reines de France,
» mères chacune d'un Roi Charles,
» lesquels eurent tant de conformité
» par leurs traverses & par leurs
» disgraces, ont de grandes ressem-
» blances l'une avec l'autre.

On ne peut nier que le système du Père Daniel ne soit très-plausible: il souffre cependant de grandes difficultés.

Est-il croyable qu'on ait voulu désigner une Héroïne Chrétienne, telle que la Pucelle d'Orléans, par le nom de Pallas ? Celui de Débora ou de Judith n'eut-il pas été plus convenable ? La Dame de Pique porte à sa main une fleur ; mais ce n'est point un lys : ainsi la preuve appuyée sur ce fondement tombe d'elle-même.

Comment penser qu'on ait pris

Rachel, une des saintes femmes de l'ancien Testament, pour représenter Agnès Sorel ? Si l'on trouvoit quelque rapport du côté de la beauté, il y avoit trop d'opposition du côté des mœurs.

Le Père Daniel qui veut que Rachel soit la figure d'Agnès Sorel Maîtresse de Charles VII, peut-il prétendre qu'Argine soit Marie d'Anjou femme de ce Roi ? Il n'est pas vraisemblable qu'une Reine veuille se mettre de niveau avec une de ses filles d'honneur, qui lui enléve le cœur du Roi son époux. D'ailleurs il paroît qu'on n'a eu recours à l'anagramme de *Regina* pour expliquer le mot Argine, que parce qu'on croyoit ne pouvoir trouver ce terme dans aucune langue. J'indiquérai dans un moment la source & le sens de cette expression.

C'est mal à propos qu'on lit Judith sur la Dame de Cœur : il y a Judic, & il y a toujours eu ainsi. Comme cette expreſſion étoit inconnue, on a cru que c'étoit une corruption du nom de Judith : on s'eſt trompé. Eſt-il probable qu'un Graveur ſe méprenne ſi conſidérablement ſur un mot unique & qui eſt en lettres majuſcules ?

Quand on accorderoit qu'il faut lire Judith, la conjecture du Père Daniel ne paroîtroit pas fondée. Il n'y a aucune reſſemblance entre Judith ſeconde femme de l'Empereur Louis le Débonnaire, & Iſabeau de Bavière mère de Charles VII. Cette Reine, par averſion pour le Dauphin, engagea le Roi ſon époux à donner ſa fille la Princeſſe Catherine à Henry V Roi d'Angleterre, & à nommer ce Prince étranger, ſon ſucceſſeur à la Couronne, au préjudice de ſon fils. L'Impératrice Judith ſeconda le deſſein qu'avoit Louis le Débonnaire, de donner à ſon fils Charles une part dans ſes États, ſelon l'uſage alors établi dans

la Monarchie. Celle-ci est une mère dont la tendresse est réglée par les loix : celle-là est une marâtre qui assouvit sa haine par les plus noires injustices.

„ Les noms d'Argine & de Judic me font naître une conjecture. Ces mots ne se trouvent dans aucune langue que dans le Breton. *Argine* signifie la Belle ; & *Judic*, Reine deux fois (*p*). Je crois que par l'un

(*p*) *Ar* article La : *Gin* Belle. *Jud* Reine : *Dyc* Deux fois.

Plusieurs Bretons avoient suivi la Reine Anne à Paris : ils faisoient la plus grande partie de sa compagnie de Gardes. Ce firent apparemment eux qui donnèrent les termes Bretons que l'on employa pour désigner cette Princesse dans le jeu de Cartes. On voit dans les Chartes, que les Bretons préposoient autrefois l'épithéte d'*Argant* ou la belle, aux noms des Dames dont ils parloient : ainsi en appellant la Reine Anne *Argine*, qui est le synonyme d'*Argant*, ils ne firent que renouveller un ancien usage de leur nation.

G 4

& par l'autre de ces termes on a voulu défigner Anne de Bretagne Reine de France ; foit que les Dames de Treffle & de Cœur, n'ayent point eu de nom avant ce temps-là, foit qu'on ait ainfi changé les noms qu'elles portoient, pour plaire à cette Souveraine.

On voit d'abord qu'on n'a pu choifir des expreffions Bretonnes, que pour faire fa cour à une Prinçeffe de Bretagne. D'ailleurs les noms d'*Argine* & de *Judic* convenoient parfaitement à la Reine Anne. Elle régna deux fois, ayant époufé succeffivement deux de nos Rois Charles VIII & Louis XII. Elle étoit fi flatée de cette prérogative, que c'eft le titre qu'on lui donna dans une magnifique Médaille qui fut frapée à Lyon en fon honneur l'an 1499 (*q*). On jugera de

(*q*) *Lugdun. Refpublica, gaudete bis, Annâ regnante benignè fic, fui conflata 1499.*

sa beauté par ces paroles de Bran-tome. » Elle étoit belle & agréable,
» ainsi que j'ai ouï dire aux anciens
» qui l'ont vue, & selon son por-
» trait que j'ai vu au vif, & ressem-
» bloit au visage de la belle Demoi-
» selle de Chasteau-neuf, qui a été
» à la Cour tant renommée pour sa

Jean le Maire intitule ainsi les Vers qu'il fit sur la guérison de cette Princesse. « Couplets de la valitude & convales-
» cence de la Royne très-Chrestienne
» Madame Anne de Bretagne, deux fois
» Royne de France. «
« Cette Princesse notre souveraine Dame
» (Anne de Bretagne) a eu cet advantage
» par une grace de Dieu qu'elle a été deux
» fois Royne de France. « *Saint-Geldis,
Hist. de Louis XII, page* 142.

Voici l'Épitaphe de cette Princesse.

» Ci gist Anne, qui fut femme de deux grands Rois :

» En tout grande cent fois, comme Royne deux fois.

» Jamais Royne comme elle n'enrichit tant la France.

» Voilà que c'est d'avoir une grande alliance. «

» beauté (*r*). « Les charmes de cette Princesse furent si durables ,

(*r*) Jean de Saint-Gelais qui avoit vu cette Princesse , s'exprime ainsi sur sa beauté. « Ladite Dame Anne fille du Duc
» de Bretagne , estoit si belle & bien con-
» ditionnée , & tant pleine de bonne
» grace , selon l'enfance où elle estoit ,
» que toutes gens la veoient volontiers.
» Car au regard de la bonne grace , elle
» en print si bonne possession , qu'elle en
» a plus & de toutes autres vertus que
» on ne sçauroit veoir en nulle autre
» Princesse , ny Dame. « *Saint-Gelais ,*
Hist. de Louis XII , page 50.

« Pour parler de Madame Anne , pour
» l'heure Duchesse de Bretagne , je dis
» que ses vertus , tant de sçavoir , que
» bonté , douceur , & courtoisie , beau
» parler , clémence , & libéralité , dont
» elle s'est toujours tenue garnie , ont été
» causé qu'elle a été servie , & plus par
» estrangers que par ses propres sujets.
» Combien qu'il y ait aucun de ses pays
» qui se font acquittez loyaument , en
» soustenant sa querelle , nonobstant que
» le plus fort a été fait par des Gentils-
» hommes François , & autres ; qui pour

qu'ils ne furent pas altérés par la mort. « Après son trépas, (continue le même Auteur,) son corps demeura par l'espace de trois jours dans sa chambre, le visage tout découvert, qui ne se montroit nullement changé par l'hideuse mort, mais aussi beau & aussi agréable que de son vivant. « Je pense donc que pour plaire à cette Reine, on l'aura appellée la Belle ; titre flateur pour les Dames jusques sur le Thrône.

» l'amour de ladite Dame, laquelle ils » veoient si pleine de bonne grace, ont » plusieurs fois adventuré leurs corps, & » mis leur vie en danger pour lui faire » service. « *Ibid. page* 64.
Melin de Saint-Gelais composa pour la Reine Anne l'Épitaphe suivante.

Contendunt dum forte Venus, Tritonia, Juno,
   Cui prior ex ipsis sit tribuendus honor ;
Jupiter ista Deos veritus ne rixa moveret,
   Expulsas supero privat honore Deas :
Præreptamque Annam terris suffecit Olympo ;
   Atque erit hæc, inquit, pro tribus una satis.

J'obferve qu'Argine a une cou-ronne Royale fur la tête, & une Ducale renverfée fur fon bras : Anne de Bretagne étoit Ducheffe & Reine. Argine & Judic ont des colliers, Pallas & Rachel n'en ont point : Anne de Bretagne portoit ordinairement un collier, ainfi qu'on le voit dans fes portraits.

Il n'eft pas vraifemblable, dira-t-on, qu'on ait voulu repréfenter la même perfonne par deux Cartes : mais cette difficulté fe tourne en preuve pour moi. On ne pouvoit mieux défigner une Princeffe qui avoit été deux fois Reine, qu'en la repréfentant par deux Dames.

On ne doit pas être furpris, qu'on ait ainfi voulu immortalifer la mé-moire d'Anne de Bretagne : nous n'avons jamais eu de Reine qui ait été en fi grande confidération parmi nous (ſ). Sa naiffance très-illuftre

(ſ) Petit Confeffeur du Roi, dans l'Oraifon funébre qu'il fit de cette Prin-

par elle - même , plus éclatante encore par la généalogie fabuleuse

cesse fit remonter sa généalogie jusqu'à Troie, Brutus & Ynoge fille de Pendrasus noble Empereur de Gréce. Ces faits fabuleux, étant alors crus, faisoient la même impression sur les esprits que s'ils eussent été véritables.

Sous François Duc de Bretagne, père de la Reine Anne, « le peuple de ce » Duché estoit riche à merveilles, & » n'eussiez sçu guères aller en maison de » laboureur ny autre sur le plat - pays, » que n'y eussiez trouvé de la vaisselle » d'argent. « *Saint - Gelais, Histoire de Louis XII.*

« Ledit Seigneur (Louis XII) eut » pour femme, la plus noble & puissante, » tant de vertus que de terres & seigneu- » ries, qui fut en vie pour ce temps. « *Le même, page* 73.

« Il y a long-temps que nulle Dame » n'apporta tant de biens à la Couronne » qu'elle (Anne de Bretagne) a fait. « *Le même, page* 76.

« Elle étoit très-bonne, fort miséricor- » dieuse & fort charitable, ainsi que j'ai » ouï dire aux miens. « *Brantome.*

qu'on lui donnoit ; le rang de Souveraine qu'elle avoit lorsqu'elle se

« Elle fut fort religieuse & dévote.
» Ce fut elle qui la première fit la fondation des Bons-hommes (les Minimes)
» près de Paris ; & puis après celle de
» Rome qui est si noble & si belle & où
» j'ai vu qu'il n'y avoit aucun Religieux
» que François. « *Le même.*

« Elle étoit très-vertueuse , sage &
» honnête & bien-disante, & de fort
» gentil & subtil esprit. « *Le même.*

Charles VIII portoit pour sa devise un *C* & un *A*, qui le désignoient & Anne de Bretagne son épouse. *André de la Vigne, Vergier d'honneur.*

« Combien qu'ils (Louis XII & Anne
» de Bretagne) ayent largement de subjets;
» si croy-je qu'il n'y en a aucuns de
» quelque estat qu'ils soient , qui vivent
» mieulx en leur mariage , que font nostre
» souverain Seigneur & nostre souveraine
» Dame ensemble. « *Saint-Gelais , Hist.* de Louis XII , page 142.

« Oncques gens leurs semblables ne
» s'entreaimèrent mieulx, ny ne vesqui-
» rent plus honnestement ensemble. «
Le même , page 220.

maria ; la riche dot qu'elle appor-
toit ; sa bonté, ses vertus, ses

Louis XII l'honora beaucoup. « Il
» l'honoroit de telle sorte, que luy estant
» rapporté que les Clercs de la Basoche
» du Palais & les Escoliers aussi, avoient
» joué des jeux où ils parloient du Roi
» & de sa Cour & de tous les grands, il
» n'en fit autre semblant, sinon de dire,
» qu'il falloit qu'ils passassent leur temps,
» & qu'il permettoit qu'ils parlassent de
» luy & de sa Cour ; mais non pourtant
» déréglément ; & sur-tout qu'ils ne par-
» lassent de la Reine sa femme en façon
» quelconque ; autrement qu'il les feroit
» tous pendre. Voilà l'honneur qu'il lui
» portoit. « *Brantome.*
« Il ne venoit jamais en sa Cour Prince
» étranger ou Ambassadeur, qu'après
» l'avoir vu & ouï, il ne l'envoyât faire
» la révérence à la Reine ; voulant qu'on
» luy portât le même respect qu'à luy : &
» aussi qu'il connoissoit en elle une grande
» suffisance pour entretenir & contenter
» tels grands personnages, comme très-
» bien elle sçavoit faire, & y prenoit un
» très-grand plaisir : car elle avoit très-
» belle & bonne grace & majesté pour

talens, ſes agrémens, ſa beauté, lui méritèrent l'amour & l'eſtime des

» les recueillir, & belle éloquence pour
» les entretenir. « *Le même.*

Louis XII donna à cette Princeſſe la plus haute marque d'eſtime & de conſidération, lorſqu'il fit mettre ſon emblême ſur la monnoie. Nous avons des écus d'or de ce Prince, ſur le revers deſquels il y a une croix dont les croiſons ſe terminent en queues d'hermine : l'hermine étoit l'emblême d'Anne de Bretagne.

« Or ſi le Roi l'a aimée & honorée
» vivante comme vous voyez (dit Bran-
» tome,) il faut croire qu'étant morte,
» il lui en a fait de même : & pour
» manifeſter le deuil qu'il en fit, en font
» foi les ſuperbes & honorables funé-
» railles & obſéques qu'il fit d'elle, leſ-
» quelles j'ai lues dans une vieille Hiſ-
» toire. . . . & de la vérité de ce Livre
» j'en ai eſté informé par la grande mère
» Madame la *Séneſchale de Poitou*, de
» la maiſon du *Lude*, qui eſtoit lors à la
» Cour. Ce Livre conte donc ainſi.

« Cette Reine eſtoit une très-honorable
» Reine & très-vertueuſe & fort ſage, &
» la mère des pauvres, le ſupport des

des Rois ſes époux ; & lui gagnèrent le cœur de toute la nation. Elle

» Gentils hommes, le recueil des Dames
» & Damoiſelles & honneſtes filles, & le
» refuge des ſçavans hommes : auſſi tout
» le peuple de la France ne ſe put ſaouler
» de la pleurer. «

Brantome copiant cet Auteur, fait enſuite le récit des magnifiques funérailles qui furent faites à cette Princeſſe. Après quoi il ajoûte :

« Le Roy la regretta & en deména un
» tel deuil, qu'il en cuida mourir au bois
» de Vincennes, & s'habilla long-temps
» de noir (*), & toute ſa Cour : & ceux
» qui y venoient autrement, il les en
» faiſoit chaſſer, & n'eut point ouï
» d'Ambaſſadeur quel qu'il fût, qu'il ne
» fût habillé de noir : & dit bien plus
» cette vieille Hiſtoire que j'ay alléguée,
» que lorſqu'il donna ſa fille à M. d'An-
» gouleſme, depuis le Roy François, le
» deuil, ne fut nullement quitté ny laiſſé
» à la Cour ; & le jour qu'ils furent
» épouſez dans la Chapelle de Saint
» Germain en Laye, le mari & la mariée

(*) Cet exemple eſt unique : nos Rois por- | tent toujours le deuil en violet.

H

occupa le Thrône avec une dignité bien supérieure à toutes celles qui

» n'estoient habillés (dit l'Histoire,) que
» de noir, honnestement & en forme de
» deuil, pour le trespas de la susdite
» Reine Madame Anne de Bretagne, en
» présence du Roy son père, accompagné
» de tous les Princes du sang, & nobles
» Seigneurs, & Prélats, & Princesses,
» Dames & Damoiselles, tous vestus de
» drap noir en forme de deuil. Voilà
» comme le Livre en parle : qui est une
» austérité étrange de deuil, qu'il faut
» noter que le jour propre des nopces
» n'en put être dispensé. Par la connoist-
» on que cette Princesse estoit aimée &
» digne d'estre aimée du Roi son mari. «
« Le Roi Louis fut après contraint de
» se marier, pour la troisiéme fois, avec
» Marie Sœur du Roi d'Angleterre, très-
» belle Princesse, & se maria plus par
» nécessité & pour faire la paix avec
» l'Anglois & mettre son Royaume en
» repos, que pour autre chose ; ne pou-
» vant oublier jamais sa Reine Anne.
» Aussi commanda-t-il à sa mort, qu'ils
» fussent couverts tous deux sous un
» mesme tombeau, ainsi qu'on le voit à

l'avoient précédée. Elle se fit la première une Cour digne de la

» Saint Denys, tout de marbre blanc,
» aussi beau & supporté qu'il en soit
» point là. *Brantome.*

L'Épitaphe Latine qu'on lit sur le superbe mausolée d'Anne de Bretagne finit par ces mots : *Heu! quantum luctûs atque desiderii toto Orbi reliquit, cum ad superos migravit.* Voici l'Épitaphe Françoise qui fut gravée sur sa tombe avant qu'on eût construit le magnifique tombeau où elle repose à présent.

» La Terre, Monde & Ciel ont divisé Madame
» Anne, qui fut des Rois Charle & Louis la femme.
» La Terre a pris le corps qui gist sous cette lame :
» Le Monde aussi retient la renommée & fame,
» Perdurable à jamais sans estre blasme-Dame
» Et le Ciel pour sa part a voulu prendre l'ame. «

On ne connut jamais mieux combien cette Reine étoit aimée, qu'à sa mort. « » Tout le peuple de la France ne se » put saouler de la pleurer. « Ce sont les paroles d'un Auteur contemporain rapportées dans la note précédente. On s'exprime de même dans les Chroniques

Majesté de nos Reines, en appellant auprès d'elle les Dames les plus
distinguées. (*t*) Elle eut une garde
particulière.

de Louis XII, imprimées après l'Histoire
de Monstrelet.

« La très-illustre & débonnaire Royne
» de France & Duchesse de Bretaigne &
» autres lieux, cheut malade au chasteau
» de Blois, le lundy second jour de jan-
» vier 1513 : & tant persista & con-
» tinua ladite maladie d'icelle très-bonne
» Dame, qu'elle trépassa très-dévotement
» en Jésus-Christ notre souverain Sei-
» gneur, auquel elle rendit humblement
» son esprit le lundy après ensuivant
» 9 jour dudit mois de janvier : duquel
» trespassement furent faicts & jectez
» moult grans plains, regrets & lamen-
» tations de deuil.

« Elle avoit le cœur grand & haut :
» elle voulut avoir ses gardes, & institua
» la seconde bande de cent Gentilshom-
» mes ; car auparavant il n'y en avoit
» qu'une. « *Brantome.*

(*t*) « Ce fut la première qui commença
» à dresser la Cour des Dames que nous

Elle conferva la fouveraineté de la Bretagne : mais elle n'en employoit les revenus qu'au bien de l'État, à faire conftruire des vaiffeaux pour le défendre, à récompenfer les officiers qui l'avoient fervi (*u*).

» avons vues depuis elle jufqu'à cette
» heure : car elle en avoit une très-grande
» fuite, & de Dames & de filles, & n'en
» refufa aucune ; tant s'en faut, qu'elle
» s'enqueroit des Gentilshommes leurs
» pères qui étoient à la Cour s'ils avoient
» des filles, & quelles elles étoient. J'ai
» eu une tante de Bourdeille, qui eut cet
» honneur d'être nourrie d'elle. *Ibid.*

» Sa Cour étoit une fort belle école
» pour les Dames ; car elle les faifoit
» bien nourrir & fagement : & toutes à
» fon modéle fe faifoient & fe façonnoient
» très-fages & très-vertueufes. « *Ibid.*

(*u*) « Le Roi lui laiffa jouïr de fon bien
» & de fa Duché, fans qu'il y touchât &
» en prît un feul fol : auffi l'employoit
» bien ; car elle étoit très-libérale : &
» d'autant que le Roi faifoit des dons
» immenfes ; pour lefquels entretenir il
» eût falu qu'il foulât fon peuple ; ce qu'il

H 3

Elle aimoit les gens d'esprit & de sçavoir : elle chérissoit les Poétes : elle avoit un cœur de mère pour tous les François : en un mot elle joignoit aux graces de son sexe, les qualités qui font les grands hommes (*x*).

» fuyoit comme la peste. Elle suppléoit
» à son défaut ; car il n'y avoit grand
» Capitaine de son Royaume, à qui elle
» ne donnât des pensions & fît des pré-
» sens extrahordinaires, ou d'argent, ou
» de grosses chaisnes d'or. « *Ibid.*

« Ce fut elle qui fit bastir par une
» grande superbité (*magnificence*,) ce
» beau vaisseau & grande masse de bois,
» qu'on appelloit *la Cordelière*, qui s'atta-
» qua si furieusement en pleine mer avec
» la Régente d'Angleterre, & s'accrocha
» si furieusement avec elle, qu'ils se
» brûlèrent & périrent si bien que rien
» n'en échapa, fût des personnes ou fût
» de ce qui étoit dedans, dont on pût
» tirer des nouvelles en terre. « *Ibid.*

(*x*) Voici de quelle manière les Histo-riens François & étrangers parlent de cette grande Reine.

Pallas Déeffe de la guerre a dû
naturellement fe trouver dans un

« Le bon Roy de France Loüys dou-
» ziéme, après avoir paffé toutes fes
» fortunes en cefte année mille cinq cent
» & treize, & qu'il eût faict affeoir fes
» garnifons en Picardie, s'en retourna en
» fa ville de Blois, où il fe vouloit ref-
» jouyr quelque peu. Mais le plaifir qu'il
» y penfoit prendre, lui tourna en grande
» douleur & triftesse ; car environ le
» commencement de janvier, fa bonne
» compaigne & efpoufe, Anne Royne de
» France & Duchesse de Bretaigne, tomba
» malade fort griefvement. Car quelques
» Médecins que le Roy fon mary ny
» elle euffent pour luy aider à recouvrer
» fanté, en moings de huit jours rendit
» l'ame à Dieu : qui fut dommaige nom-
» pareil pour le Royaume de France, &
» deuil perpétuel pour les Bretons. La
» Nobleffe des deux pays y feit perte
» ineftimable : car de plus magnanime,
» plus vertueufe, plus faige, plus libérale,
» ne plus accomplie Princeffe, n'avoit
» porté Couronne en France, depuis qu'il
» y a eu titre de Royne. Les François &
» Bretons ne plaignirent pas feulement

H 4

un jeu militaire comme celui des Cartes. C'est apparemment la beauté qui y a placé Rachel.

» son trespas ; mais ès Allemaignes,
» Espaignes, Angleterre, Escosse, & en
» tout le reste de l'Europe feut plaincte &
» plorée. Le Roy son mary ne donnoit
» pas les grandes sommes de deniers, de
» peur de fouler son peuple : mais ceste
» bonne Dame y satisfaisoit : & y avoit
» peu de gens de vertu en ses pays, à
» qui une fois en sa vie n'eust faict quel-
» que présent. Pas n'avoit trente-huict ans
» accomplis la gentile Princesse , quand
» cruelle mort en feit si grand dommaige
» à toute Noblesse. Et qui vouldroit ses
» vertus & sa vie descripre , comme elle
» a méritée, il fauldroit que Dieu feit
» resusciter Cicéron pour le Latin , &
» maistre Jean de Meung , pour le Fran-
» çois : car les modernes n'y sçauroient
» attaindre. De ce tant lamentable &
» très-piteux trespas, en feut le bon Roy
» Louis si affligé, que huict jours durant
» ne faisoit que larmoyer ; souhaictant
» à toute heure, que le plaisir de Nostre
» Seigneu feust lui aller tenir compaignée,
» Tout le reconfort qui lui demeura ,

Le Père Daniel estime que David est la figure du Roi Charles VII.

» c'estoit que de luy & de la bonne tref-
» passée estoient demeurées deux bonnes
» & belles Princesses, Claude & Renée
» qui avoit environ trois ans, Elle feut
» menée à Sainct Denys, & là enterrée :
» & lui feut faict son service, tant audict
» Blois, que audict lieu de Sainct Denys,
» autant solemnel qu'il feut possible : &
» plus de trois mois entiers par tout le
» Royaume de France, & par le Duché
» de Bretaigne, n'eust - on ouy parler
» d'autre chose que de ce lachrymable
» trespas. Et croy certainement qu'il en
» souvient encores à plusieurs : car les
» grans dons, le doulx recueil, & gra-
» cieux parler qu'elle faisoit à chascun,
» la rendront immortelle. « *Histoire du
Chevalier Bayard*, c. 58.

« Car de sens, de prudence, d'honnes-
» teté, de vénusté, de courtoisie, & de
» gracieuseté, il en est bien peu qui en
» approchent, moings qui soient sembla-
» bles, & nulle qui l'excéde : & pour sa
» parfaicte félicité en ce monde, estoit
» bien requis audict Roy Louis, d'avoir
» une telle compaigne. « *Claude de Seyssel,*

Je transcris ses paroles pour ne point affoiblir les preuves qu'il apporte de cette conjecture.

Archevêque de Turin, Histoire du Roi Louis XII.

Mori Anna Reina di Francia. Reina molto prestante, & molto Cattolica, con grandissimo dispiacere di tutto il Regno, & de popoli suoi della Bretagna. (François Guichardin, au XII. livre de son Histoire.)

« À l'entrée de la Reine Anne de
» Bretagne à Paris, à la vieille porte
» Sainct Denys, y avoit un autre mystère
» des cinq Annes, qui font trouvées dans
» l'ancien Testament ; avec lesquelles on
» ajoûtoit Anne noble Reine de France,
» pour les vertus & biens qui font en elle :
» & y avoit un personnage pour décla-
» rer les chofes deffus dites, qui difoit en
» fubftance ce qui s'enfuit.

» Cinq Dames font au faint Efcrit trouvées
» Nommées Annes, très-juftes éprouvées.
» Héléazar prit l'une en mariage,
» Dont fut produit Samuel l'enfant fage.
» La deuxiéme, femme du vieil Tobie
» De charité & de piété remplie.

» Charles VII ne voulut point
» être nommé dans ce jeu ; mais il

> » La troisiéme fut mère de Sara :
> » Tobie le jeune, par grace l'espousa.
> » La quatriéme prophétise fut ditte ;
> » Car la venue de Christ avoit préditte.
> » La cinquiéme fut mère de Marie,
> » Vierge pucelle, qui le doux fruit de vie
> » Par grace Dieu enfanta dignement.
> » Ces cinq Dames ont vertueusement
> » Durant leur temps regné sans quelque doute.
> » Avec elles la sixiéme on ajoûte.
> » C'est Dame Anne, noble Reine de France,
> » Qui son peuple préserve de souffrance.

Regiſtres de l'Hôtel de Ville de Paris.

Si le Roman d'Amadis des Gaules n'avoit pas été composé avant Louis XII, je croirois que ce Prince est le Héros de cet Ouvrage, tant je trouve de conformité entre l'un & l'autre. Amadis signifie en Celtique très-bon (*) ; & Orianne très-belle (**). Louis XII par sa tendresse pour ses sujets mérita le nom de Père du peuple. Anne de Bretagne fut la plus

---

(*) *Amad* Bon, *Dis* particule augmentative.

(**) *Or* particule augmentative, *Rian* Belle.

» s'y fit repréfenter par le Roi
» David, dont le fort avoit été tout-

belle Princeffe de fon temps. Oriane eft
fille & héritière de Lifuart Roi de la grande
Bretagne : Anne eft fille & héritière de
François Duc de Bretagne. Amadis aime
Oriane pendant plufieurs années, avant
qu'il puiffe l'obtenir en mariage : Louis XII
aime Anne de Bretagne long-temps avant
qu'il puiffe l'époufer. Oriane eft promife
par fon père à l'Empereur des Romains,
remife entre les mains des Ambaffadeurs
de ce Prince pour aller l'époufer : Amadis
bat la flotte des Ambaffadeurs & tire
Oriane de leurs mains. Anne de Bretagne
eft époufée pour l'Empereur Maximilien,
par le Prince d'Orange : ce mariage ne
s'accomplit point ; elle époufe Charles VIII,
enfuite Louis XII. Amadis eft le plus
vaillant des Chevaliers de fon temps :
Louis XII eft le plus brave des Princes de
fon fiécle. Amadis par enchantement eft
fait prifonnier : Louis XII le fut à la
journée de Saint-Aubin. Amadis terraffe
& fait prifonnier le géant Arcalaüs, à qui
la douleur d'être vaincu & renfermé, fit
blanchir les cheveux dans une nuit :
Louis XII défait Louis Sforce Duc de

» à-fait semblable au sien. David
» avoit été persécuté par son beau-
» père Saül qui le vouloit faire périr.
» Il avoit été contraint de sortir de
» Jérusalem ; d'errer en divers lieux
» pour éviter les embûches que ce
» Prince lui tendoit. Il n'avoit avec
» lui qu'une troupe d'amis, avec
» lesquels il ne laissa pas de faire
» vivement la guerre aux ennemis
» du Peuple de Dieu. De même
» Charles VII, poursuivi par les
» ordres de son propre père, qui
» dans le triste état où l'affoiblisse-
» ment de son esprit l'avoit mis,
» suivoit en tout les impressions que
» lui donnoit la Reine Isabeau, le
» Duc de Bourgogne, & le Roi
» d'Angleterre ; fut obligé de quitter
» la Cour, de chercher un asyle
» dans les provinces, après avoir

Milan, le fait prisonnier, le renferme dans
le château de Loches, où ce malheureux
Prince éprouve précisément le même sort
que le géant Arcalaüs.

» été cité à la Table de marbre, con-
» damné par arrêt au bannissement,
» & déclaré incapable de succéder
» à la Couronne. Il se mit à la tête
» de plusieurs Seigneurs & Gentils-
» hommes meilleurs François que
» les autres, & d'un assez grand
» nombre de Soldats ; à l'aide des-
» quels il prit plusieurs places sur
» les ennemis de l'État, gagna la
» bataille de Baugé contre les An-
» glois, par la valeur & la conduite
» du Comte de Boucan Écossois,
» qu'il créa Connétable de France.
» David, après la mort de son
» beau - père Saül, fut élevé sur
» le Thrône de Juda ; & après
» s'être réconcilié avec Abner qui
» gouvernoit les autres Tribus en
» faveur & sous le nom d'Isboseth
» fils de Saül, il fut déclaré Roi
» de tout Israël. Charles VII, après
» avoir reconquis une partie de
» son Royaume, se réconcilia avec
» Philippe Duc de Bourgogne ;

» & depuis cette réconciliation,
» les Anglois furent presque tou-
» jours battus, & chassés enfin du
» Royaume, excepté Calais, par
» la conquête de la Guyenne &
» de la Normandie.

» David eut le chagrin, au milieu
» de ses prospérités, de voir son fils
» Absalon se révolter contre lui.
» Charles ressembla encore à David
» par cet endroit : car Louis son fils,
» qui fut depuis Louis XI du nom
» Roi de France, prit les armes
» contre lui, & à la fin fut la véri-
» table cause de sa mort. Il me
» semble que ce paralléle de la vie
» & de la fortune de ces deux Rois
» m'autorise suffisamment, pour
» dire que Charles VII s'est fait
» représenter dans le jeu de Cartes
» sous la figure du Roi David.

Mais je trouve bien plus de diffé-
rences entre David & Charles, que
je n'y vois de rapports. D'abord
rien de moins ressemblant que le

caractère de ces deux Rois. David actif, vigilant, étoit toujours à la tête de ses troupes. Charles, au contraire, étoit un Prince mol, soupirant après le repos, enchaîné par l'amour, s'occupant de jeux & de ballets (*y*), tandis que les Anglois faisoient la conquête de ses États. Il fallut que sa Maîtresse lui relevât le courage, & le menaçât de le quitter, pour l'empêcher d'abandonner sa Couronne. La seule crainte de perdre la belle Agnès, lui fit prendre la résolution d'être Roi.

Leur vie n'est pas plus semblable. David n'étoit point appellé au Thrône par sa naissance : le sang & les loix assuroient le Sceptre à Charles. Saül ne chercha à faire périr David, que parce qu'il étoit jaloux

(*y*) Ce Roi montrant un jour à la Hire les apprêts d'un ballet, lui demanda ce qu'il en pensoit. « Ma foi (lui répondit ce » Seigneur,) je pense qu'on ne sçauroit » perdre plus gaiement un Royaume. «

jaloux de sa réputation & de sa gloire : il est bien croyable qu'il ignora toujours que c'étoit celui à qui Dieu avoit destiné sa Couronne après sa mort : ainsi on ne peut comparer les persécutions de Saül contre David, qu'il regardoit comme un de ses sujets, avec le noir dessein que forme Isabeau de Bavière d'enlever la Couronne à son fils.

Le Dauphin Louis ne prit point, comme Absalon, les armes contre son père : ce fut au contraire son père qui arma contre lui pour l'obliger de revenir à la Cour. La révolte d'Absalon coûta la vie à ce fils dénaturé : la desobéissance de Louis fit mourir Charles VII.

Dans les Cartes, les Rois représentent donc uniquement ceux que leurs noms désignent. David y est mis pour le successeur de Saül : César, pour le premier Empereur des Romains ; & ainsi des autres. Ce jeu étant militaire, on n'y a placé que des Princes belliqueux : on a choisi ceux qui dans l'Histoire sainte & dans la profane se sont le plus distingués par leurs conquêtes, & dont les noms étoient les plus connus.

Près du Roi de Cœur, qui représente Charlemagne, on voit l'Aigle Impériale : mais elle n'a qu'une tête ; marque certaine de l'antiquité des Cartes. Ce n'est tout au plutôt que dans les dernières années de Sigismond, qu'on a donné deux têtes à l'Aigle Impériale. On voit dans les Archives de l'Abbaye de Lure, un Diplôme de ce Prince, de l'an 1417, par lequel il prend ce Monastère sous sa protection, dont le sceau porte l'empreinte de l'Aigle Impériale à une tête.

Lancelot représenté par le Valet de Treffle, porte un Soleil sur sa cuirasse ou cotte d'armes ; nouvelle preuve de l'ancienneté de ce jeu ; car Froissart nous apprend que le

Soleil étoit déjà de son temps la devise de nos Rois. Lorsqu'il décrit les joûtes & tournois qui se firent à Paris au mariage de Charles VI, il nous dit que les Chevaliers du Roi étoient nommés les Chevaliers du Soleil d'or, parce que cet astre étoit la devise de ce Monarque.

Les premières Cartes étoient peintes, & pour cette raison fort chères. Peu après on les grava en bois & on les enlumina (*z*) ; ce qui en diminua de beaucoup le prix, & mit

(*z*) On voit par les Manuscrits que la gravure en bois & l'art d'enluminer, étoient déjà en usage. Il n'y en a point où les lettres initiales ne soient moulées, & il y en a peu où il n'y ait des enluminures. Il est parlé des livres enluminés dans l'Inventaire de la Bibliothéque du Roi Charles V. Le Duc d'Anjou fit arrêter cinquante-six cahiers de la Chronique de Froissart, que l'Auteur envoyoit pour être enluminés & ensuite transportés en Angleterre. (*Le Laboureur Histoire de Charles VI.*) Froissart dans sa Chronique (*vol. 4. c. 63.*)

le peuple en état d'en faire usage. Nous les avons vues dès l'an 1397, entre les mains des ouvriers de Paris (*a*). Elles avoient déjà aupara-

dit qu'il remit au Roi Richard d'Angleterre, son Roman de Méliador qui étoit enluminé.

(*a*) Villon, dans son grand Testament, qui est une piéce burlesque, légue à Perrinet

» Trois Detz plombez de bonne carre
» Et ung beau joly jeu de Cartes. «

On lit dans Cretin :

« Pour les écots n'y montent : si font rage
» Aux Dez foncer & Cartes Lansquenets. «

Dans la Légende de Faifeu :

« Ung jour advint qu'ils jouèrent aux Cartes. «

Dans les Contes de Bonaventure des Périers, le quatriéme est d'un Chantre, dont il est dit « qu'il ne passoit jour qu'il

vant paſſé en Eſpagne : elles pénétrèrent dans ce Royaume par la Biſcaye ; nouvelle preuve qu'il les a reçues de nous. Leur entrée en Eſpagne par cette province, ſe

» ne fît quelque folie ; il frappoit l'un,
» il battoit l'autre, il jouoit aux Cartes
» & aux Dez. «

Dans une Sotiſe (*) qui fut repréſentée par les enfans ſans ſoucy, ſous Louis XII, le ſot diſſolu dit :

» Allons, des Cartes à foiſon,

» Vin clerc, & toute gourmandiſe «

Montluc au commencement de ſes Commentaires, emploie les plus fortes raiſons pour détourner les Officiers, des jeux de Cartes & de Dés.

Jean-Louis Vivès, Précepteur de l'Empereur Charles V, dit qu'il eſt très-honteux pour les filles & les femmes de jouer aux Cartes ou aux Dés. *Lib.* 1. *de Chriſtianæ feminæ inſtitutione.*

(*) On appelloit *Sotiſes*, des repréſentations ſatiriques dans leſquelles on reprenoit les vices & les ridicules avec beaucoup de liberté & de force.

prouve par le nom de Naïpes que les Espagnols donnent aux Cartes. Ce terme est Basque : il signifie Plat, plain, uni (*b*) : il désigne fort bien les Cartes, & répond à la signification du mot Latin *Charta* (*c*). Les Espagnols, en adoptant ce jeu, en changèrent les figures & en altérèrent le plan. Ils ont mis des Rois, des Cavaliers, des Valets. Leurs mœurs leur ont fait supprimer les Dames. Ils ont changé le Pique en épée, le Treffle en bâton, le Carreau en denier, le Cœur en coupe. Les Espagnols goûtèrent beaucoup les Cartes. Paschasius Justus qui voyagea dans ce Royaume au seiziéme siécle, dit qu'il a souvent fait plusieurs lieues dans ce pays, sans trouver ni pain,

(*b*) La racine de ce mot est *Napa* Plat, plain, uni.

(*c*) *Charta* en Latin désigne quelque chose de mince, de plat & d'uni. *Charta plumbea* est une plaque de plomb.

ni vin, ni aucune autre choſe néceſſaire à la vie ; mais qu'il n'y
a ſi chétif village, ni ſi méchant
hameau, où il n'ait trouvé des
Cartes à vendre (*d*). Les Eſpagnols
portèrent dans le Nouveau Monde
leur paſſion pour les Cartes : n'en
ayant point dans l'île de Saint
Domingue, ils en faiſoient avec
les feuilles d'un arbre nommé
Copey. *Hiſtoire des voyages*, tome
46. *page* 180.

D'Eſpagne les Cartes paſſèrent en
Italie. Les Italiens les appellèrent
d'abord Naïbes (*e*), qui eſt le

(*d*) *Jam diu longè latèque Hiſpanias
luſtranti mihi ſæpe contigit, ut cum multis
locis nihil eorum quæ ad victum faciunt, non
panem, non vinum, invenire poſſem ; tamen
numquam caſtellum, aut vicum ullum adeò
abjectum & obſcurum tranſire potui, in quo
non Cartulæ vænirent.*

(*e*) On lit dans la vie de Saint Bernardin, que ce Saint prêcha à Sienne contre
les jeux, avec tant de force qu'il engagea
les joueurs à brûler les Cartes, les Oſſe-

même que Naïpes : preuve certaine qu'ils avoient reçu des Espagnols & le nom & la chose. Les Anglois reconnoissent tenir ce jeu de nous. Ils en ont conservé le plan : mais ils ont donné des noms Anglois aux Rois, aux Dames, aux Valets, *King, Kouine, Knave*. Ils ont conservé nos termes dans les jeux de Piquet, de Reversis, &c. On voit par le terme *Knave* qu'ils emploient pour désigner le Valet, qu'ils n'ont

lets, les Dés, les tables même qui servoient à ces jeux : *Naïbes, Taxillas, Tesseras, & instrumenta insuper lignea, super quæ avarè irreligiosi ludi fiebant, combustos esse præcepit.* Les Continuateurs de Bollandus ont cru que *Naïbes* signifioit un cornet de Dés : les nouveaux Éditeurs du Glossaire de Ducange ont adopté leur conjecture. Ces Sçavans se sont trompés : *Naïbes* est le même que *Naïpes*, (le *b* & le *p* se mettant indifféremment l'un pour l'autre :) & celui-ci, comme nous l'avons dit, est le terme dont les Espagnols se servent pour désigner les Cartes.

pris les Cartes (*f*), que lorſque le mot Valet ne ſignifioit plus chez nous que ſerviteur. Il faut dire la

(*f*) Le chapitre XXXVIII du Concile de Wigorne en Angleterre, tenu l'an 1240, défend aux Ecclésiaſtiques d'être préſens aux jeux deshonnêtes ou aux Danſes, de jouer aux Dés & aux Oſſelets. Il veut qu'ils ne permettent point les jeux du Roi & de la Reine, ni qu'on dreſſe des béliers, ni qu'on faſſe des lices publiques: *Prohibemus etiam Clericis ne interſint ludis inhoneſtis vel choreis , vel ludant ad aleas vel Taxillos : nec ſuſtineant ludos fieri de Rege & Regina , nec arietes levari , nec palæſtras publicas fieri.* M. Ducange dit que par ces mots *Les jeux du Roi & de la Reine* , le Concile paroît indiquer le jeu de Cartes, ſi cependant ce jeu étoit alors connu ; de quoi on a lieu de douter (continue ce ſçavant Auteur,) puiſqu'il n'en eſt point parlé dans le dénombrement des jeux, fait par Charles V Roi de France, dans ſon Édit de 1369.

M. Ducange a bien raiſon de douter qu'il ſoit parlé des Cartes dans le Concile de Wigorne. On a prouvé qu'elles n'ont point été inventées avant la fin du quator-

même chose des Allemands, qui se
servent du mot *Knecht* serviteur,

ziéme siécle : on a montré que les Anglois
les avoient reçues de nous, bien-loin de
de nous les avoir données. Les termes
même du Concile insinuent assez qu'ils
ne parlent point de ce jeu. Il défend aux
Ecclésiastiques les Dés & les Osselets : il
ne leur défend pas ensuite les jeux du Roi
& de la Reine ; mais il veut qu'ils ne permettent pas qu'on y joue. Il insinue par
cette différence d'expressions, que les
Ecclésiastiques ne pouvoient pas jouer aux
jeux du Roi & de la Reine, comme ils
pouvoient jouer aux Dés & aux Osselets.
Les jeux du Roi & de la Reine, ne sont
donc pas les Cartes ; mais quelque exercice, comme la course de bague, la quin-
taine, auquel les Ecclésiastiques ne pouvoient prendre part. D'ailleurs le Concile
ne place point les jeux du Roi & de la
Reine, avec les jeux de Dés & d'Osselets ;
ce qu'il n'eût pas manqué de faire, comme
l'ont fait dans la suite tous les autres
Synodes, si par ces jeux il eût désigné les
Cartes : mais il les place avec des exercices de force, comme de dresser des
béliers, de faire des joûtes.

pour défigner le Valet. D'ailleurs Daneau fe plaint de ce qu'ils changeoient les figures des Cartes : preuve certaine que ce peuple ne les a pas inventées. Toutes les nations de l'Europe adoptèrent ce jeu fucceffivement. Il paffa enfuite dans le Levant, & l'on n'a jamais vu jeu fe répandre fi univerfellement & fi promptement.

On attend fans doute de moi que j'indique l'inventeur d'un jeu fi généralement goûté : mais je ne peux fur ce point fatisfaire la curiofité du Lecteur. Aucun monument ne nous a confervé le nom de celui qui a trouvé les Cartes ; & quelque recherche que j'aie pu faire, je n'ai pas apperçu de quoi appuyer même une conjecture fur ce fujet. Au refte ce filence des Hiftoriens ne doit pas nous furprendre : ils nous ont bien laiffé ignorer ceux à qui nous devons les plus importantes découvertes. Ils n'ont pas nommé les inventeurs (*g*) des Moulins à eau , de la Bouſſole , &

(*g*) Vitruve eſt le premier qui ait parlé des Moulins à eau, mais ni lui ni aucun autre Écrivain n'en a nommé l'Auteur.

M. Rédi (*Journal des Sçavans, février,* 1679,) prétend que les Lunettes ont été trouvées ſur la fin du treiziéme ſiécle. Il le prouve, 1° par les termes d'une vieille Chronique Latine manuſcrite en parchemin, qui ſe trouve dans la Bibliothéque des Dominicains de Piſe, qui parlant d'un certain Frère nommé Alexandre Spina, qui mourut à Piſe en 1313, porte qu'il étoit ſi induſtrieux, qu'il faiſoit de ſes doigts tout ce qu'il voyoit; & qu'un certain homme qui avoit inventé les Lunettes, n'ayant pas voulu lui confier ſon ſecret, il y avoit travaillé lui-même; & l'ayant trouvé, l'avoit communiqué avec joie au public. 2° Dans un Traité manuſcrit compoſé en 1299, il eſt parlé des Lunettes comme d'une choſe inventée en ce temps-là : ce Manuſcrit étoit entre les mains de M. Rédi. 3° Dans les Prédications manuſcrites d'un fameux Jacobin nommé Frère Jourdain de Rivalto, on lit qu'il n'y avoit pas encore vingt ans que

des Lunettes : cependant quelles découvertes ont été plus utiles à

les Lunettes avoient été trouvées. (*Ména-ge, Dictionnaire étym. au mot* Lunettes.) Ces Prédications furent faites depuis 1300 jusqu'en 1336.

Ce que l'on prit pour une découverte en Italie, n'étoit qu'une imitation d'un secret connu en France depuis long-temps. Nous voyons les Lunettes en usage parmi nous à la fin du douziéme siécle. Jean Abbé de Beaugerzy en Tourraine, qui vivoit en ce temps-là, écrivant à Gaufroy Souprieur de Sainte Barbe, lui marque que dès qu'il apperçut le porteur de sa lettre, il prit ses Lunettes, & qu'il la lut & relut avec empressement. *Statim ut litterarum vestrarum bajulum vidi, Bustulam arripiens, non solùm avidè legi & relegi, verùm etiam à scribendo manum retinere non potui.* (*Thesaurus novus anecdotorum, tom.* I. *col.* 516.) On verra dans le Diction-naire Celtique, que *Bustula* est un terme de cette langue : d'où je conclus que les Lunettes ont été inventées en France. On doit tirer la même induction, de ce que nous sommes les premiers chez qui on les voie en usage. Aucun de nos Écrivains

la société ? La première prépare les alimens les plus nécessaires à la vie : la seconde nous a donné un Nouveau Monde ; & la troisiéme nous a fait présent d'une seconde vue.

Après avoir indiqué le temps & le lieu où les Cartes ont pris naissance ; après avoir tâché d'en deviner le dessein & l'ordonnance en général ; je vais expliquer quelques-uns des jeux qu'on en a formés.

Du jeu de Piquet.

Le Piquet est le plus fameux des jeux de Cartes qui se jouent entre deux personnes. A ce jeu on donne douze Cartes à chacun des joueurs : on choisit jusqu'à un certain nombre celles que l'on veut garder, & l'on écarte les autres. C'est de ce choix que ce jeu à pris son nom. *Piquo* en Celtique signifie Choisir. Ce mot

n'a eu soin de nous conserver le nom de l'Auteur d'une si utile découverte.

s'est conservé en ce sens parmi le peuple à Besançon. Lorsque sur une grape de raisin on choisit les grains les plus murs ; lorsque dans un panier de cerises on choisit les plus belles ; on dit qu'on pique un raisin, qu'on pique des cerises. Il est encore en usage dans le militaire. On appelle en terme de guerre, le piquet un certain nombre de Cavaliers commandés, pris, choisis par compagnies pour être prêts à monter à cheval au premier ordre.

Si le premier qui joue compte trente points, sans que son adversaire en compte aucun ; alors il compte soixante au lieu de trente : cela s'appelle *Pic*. Le *Repic* c'est quand on compte trente sur table, sans jouer les Cartes : alors on compte quatre-vingt-dix. *Pic* en Celtique signifie Double : *Repic* signifie ce qui se redouble, ce qu'on double une seconde fois. C'est là précisément le sens de ces expressions.

Le point s'appelloit autrefois Ronfle. Ce terme est formé de deux mots Celtiques : *Rum*, Assemblée, *Bell*, en composition *Fell*, Combat. *Rumsell* Rumsle, assemblée de Cartes d'une même couleur, pour combattre l'assemblée de Cartes que peut opposer l'adversaire.

Lorsqu'un des joueurs léve toutes les Cartes, son adversaire est *Capot*. Ce terme en Celtique, signifie Frustré, déchu de son espérance. Or tel est précisément celui qui n'a pas fait une levée. Ayant douze Cartes en main, il pouvoit raisonnablement se flater d'en faire quelques-unes : il n'en fait point ; il est déchu de son espérance, il est capot (*h*).

Du

(*h*) Ce mot se dit encore parmi nous. On lit dans le Dictionnaire de Trévoux : » On dit aussi au bal qu'une femme est » demeurée capot, lorsqu'elle s'est parée » & mise en rang pour danser, & que » personne ne lui a fait la civilité de la » prendre : en général on peut dire qu'une

Du jeu de Reversis.

François I. attira les Dames à sa Cour. Les carrosses n'étant pas encore inventés (*i*), les Dames se servoient de chariots ou de litières pour les voyages considérables (*k*).

» personne a été capot, quand elle s'est
» vue frustrée de quelque espérance, &
» qu'elle a reçu quelque confusion ; mais
» tout cela n'est d'usage que dans le style
» bas & comique.

(*i*) Les Carrosses n'ont été inventés que sous Henry II. En 1550 il n'y avoit en France que trois Carrosses ; celui du Roi ; celui de Diane de Poitiers, Duchesse de Valentinois ; celui de René de Laval, Seigneur de Bois-Dauphin, qui ne pouvant se tenir à cheval à cause de son excessive grosseur, fut contraint de se servir de cette voiture. Henry IV n'avoit qu'un Carrosse pour lui & pour la Reine son épouse.

(*k*) La Dame aux belles-cousines conseille à Saintré de donner à la Reine aucunes fois la belle haquenée, au-

K

Elles montoient à cheval lorsqu'elles n'alloient pas loin , lorsqu'elles

» cunes fois le beau cheval , pour sa » litière ou pour son chariot. « (*Chronique de Saintré*, c. 15.) La hacquenée étoit le cheval de monture. Ce terme vient du Celtique *Hacnai*, qui signifie la même chose.

La Dame aux belles cousines , & les Dames qui l'accompagnent dans son voyage, n'ont que des chariots pour voiture. *Chronique de Saintré*, c. 69.

La Princesse Isabelle de Bavière fut amenée au Roi Charles VI qui la devoit épouser « en char couvert si richement , » qu'il ne fait point à demander. « *Froissart, vol. 2. c. 164.*

La Reine d'Angleterre Isabelle, épouse de Richard II, vint à Calais « en une » litière moult riche. « *Le même, vol. 4. c. 78.*

La Duchesse de Bourbon & ses Dames voyagent à cheval. *Le même , vol. 1. c. 280.*

La Reine de Sicile va dans un chariot, de Paris à S. Denys, pour assister à la promotion de ses deux fils à l'Ordre de Chevalerie. *Chron. de S. Denys, an* 1389.

La Duchesse de Bourgogne Isabelle , épouse de Philippe le bon, vint à Besan-

alloient à la Cour. Pour prévenir les dangers que leur peu d'expérience

çon en 1442, dans une litière couverte de drap d'or cramoisi, & après elle deux haquenées blanches, couvertes de même : » & les menoient deux Varlets à pied : après » venoient douze Dames & Damoiselles » à hacquenées harnachées de drap d'or, » & après quatre chariots pleins de Da- » mes. « *Olivier de la Marche*, *p.* 170.

La Duchesse de Bourgogne Marguerite d'Yorck, épouse de Charles le Hardi, faisant sa première entrée à Bruges en 1468, « étoit dans une litière richement parée. » On conduisoit, après sa litière treize » hacquenées blanches, enharnachées » de drap d'or. Après ces hacquenées » venoient cinq chariots richement cou- » verts de drap d'or, dans lesquels estoient » les Dames & Damoiselles de sa suite. *Le même*, *p.* 521.

On voit à Paris, sur-tout dans la Cité, de grandes pierres de deux pieds & demi de hauteur, & d'environ trois pieds de largeur, en manière de gradins, attachées & cramponnées contre les murs & à côté des portes cochères de certaines grandes maisons anciennes. Ces pierres servoient

pouvoit occasionner, elles faisoient monter un Écuyer ou Valet, qui se mettoit en selle ; elles s'asseyoient sur la croupe, & tenoient leur conducteur par le corps avec la main droite (*l*). Cet Écuyer ou meneur

aux Magistrats & à leurs femmes à monter sur les mules qui étoient alors leur unique équipage.

(*l*) Monstrelet remarque comme quelque chose d'extraordinaire, que la Comtesse de Saint-Pol, pour faire une plus grande diligence, ait monté en selle sur un cheval. *I. Partie c.* 138.

Jean de Saint-Gelais racontant une rencontre de Troupes de partis opposés en Bretagne, dit : « Et estoit pour l'heure » la dicte Duchesse (*Anne*) en croupe » derrière Monseigneur de Dunois ou son » Chancelier. « *Histoire de Louis XII.*

Olivier de la Marche, étant allé par ordre de Charles le Hardi Duc de Bourgogne, enlever à Genéve la Duchesse de Savoie & ses enfans, dit qu'il portoit la Duchesse de Savoie en croupe derrière lui. *L.* 11. *c.* 8.

Dans le Recueil des anciens monumens

de Dames s'appelloit alors Quinola. Ce terme est formé du mot Celtique *Cinnol*, (prononcez *Kinnol*,) qui signifie soûtenir, servir d'appui. La présence des Dames à la Cour fit inventer de nouveaux jeux. Un de ceux-là fut le Reversis. On voulut pour le plaisir de la variété, que ce jeu eût un ordre & une marche entièrement opposée à celle des autres : c'est de là qu'il a pris son nom : revers & opposé étoient alors synonymes.

Celui qui fait toutes les levées ou le plus grand nombre, gagne dans les autres jeux : ne faire aucune

de la Monarchie Françoise, donné au public par le Père de Montfaucon, on voit une Dame sur un cheval à côté de son conducteur, de la manière qui vient d'être décrite.

La même chose se voit dans d'anciennes tapisseries.

En Auvergne & dans les montagnes de Dauphiné, les femmes conservent

K 3

levée, c'est remporter l'avantage dans celui-ci (*m*). Il est utile dans les autres, d'avoir les hautes Cartes : les moindres sont préférables au Reversis. Le Roi dans la plupart des jeux est la Carte dominante : on voulut que dans celui-ci ce fût un Valet ou Écuyer. On choisit dans cet ordre celui qui pouvoit le mieux représenter l'Écuyer conducteur des Dames ; & pour cela on fit choix du Valet de Cœur, parce qu'on supposa que les Dames ne prenoient pour Écuyer ou conducteur qu'une personne qui leur étoit agréable. On donna à ce Valet le nom de Quinola, qui étoit, comme nous l'avons dit, celui qu'on donnoit alors à un Écuyer ou meneur de Dames.

encore aujourd'hui cette façon d'aller à cheval.

(*m*) C'est pour cela que les Espagnols appellent ce jeu, *La Gana pierde*, Qui gagne perd.

Du jeu de Berlan ou Brelan.

Lorsqu'un joueur a ses trois Cartes de même façon, comme trois Rois, trois As; on dit qu'il a Berlan ou hazard. C'est dans ce jeu le coup le plus favorable : c'est de ce coup que ce jeu a pris son nom. *Berlances* en Celtique signifie Hazard ; c'est pour cela qu'on appelloit Berlan, tout jeu de hazard, même avant l'invention des Cartes.

Du jeu de Hoc.

Le Hoc est un jeu de Cartes, mêlé du Piquet, du Berlan, & de la séquence, qu'on appelle ainsi, parce qu'il y a six Cartes qui sont *Hoc* ou assurées à celui qui les joue, & qui coupent toutes les autres Cartes. Ce sont les quatre As, la Dame de Pique, le Valet de Cœur. On a pris de ce jeu cette façon de parler, Cela m'est hoc ; pour dire,

K 4

Cela m'est assuré. On dit encore parmi le peuple, Faire un hoquet à quelqu'un ; pour dire, qu'on l'arrête : le hoquet n'est qu'une respiration arrêtée. *Oc* en Celtique signifie Pointe, crochet, ce qui arrête.

Du jeu de Lansquenet.

Ce jeu a pris son nom des Lansquenets ou Fantassins Allemans, que nos Rois prirent à leur service dès le quinziéme siécle (*n*). M. Ménage tire l'étymologie de ce mot de *Land* Terre, pays (*o*), & *Knecht* Garçon, valet (*p*). Il a ignoré une

(*n*) Il y avoit des Lansquenets au service de Louis XII, à la bataille de Ravenne. *Brantome, tome* 4. *page* 49.

(*o*) *Land* Allemand, vient évidemment du Celtique : *Lan* Sol, terrein, terre.

(*p*) *Knecht* signifie Enfant, garçon, valet, domestique, serf. La première de ces significations aura attiré les autres. Nous voyons effectivement que dans toutes les langues, on a étendu le terme

signification de ce terme qui étoit la seule convenable à son dessein. *Knecht* signifie encore Serf. Les Fantassins Allemans furent appellés *Landsknechts*, les serfs du pays ; parce qu'alors l'Infanterie Allemande n'étoit composée que de paysans ou serfs.

Du temps de Henri IV & Louis XIII, nous avions des Cavaliers appellés Carabins, de la carabine qu'ils portoient. Ils servoient à se saisir des passages, à charger les premières troupes que l'ennemi faisoit avancer, & à les harceler dans leur poste : souvent aussi ils ne faisoient que lâcher leur coup, & se retiqui désigne Enfant, à signifier Valet, domestique. *Nahhar* en Hébreu, Enfant, valet. *Païs, Païdion* en Grec, Enfant, valet. *Puer* en Latin, Enfant, valet. *Moço* en Espagnol, Enfant, valet. *Garçon* en François, Enfant, valet. *Cen,* prononcez *Ken,* en Celtique, Engendrer : *Kenet* Enfant : de là *Knecht* dans la langue Allemande.

roient. C'est à cause de cette der-
nière manœuvre, qu'au Lansquenet
on appelle figurément un Carabin,
celui qui entre dans ce jeu sans s'y
fixer, qui ne fait pour ainsi dire
que tirer son coup, faire son pari,
& s'en va.

On dit *porter un Mommon*, en
parlant d'un défi aux Dés, ou au
Lansquenet, porté par des masques :
ce défi a pris son nom de ceux qui
le portent. *Mommon* signifioit autrefois en notre langue, Masque &
Mommerie, Mascarade (*q*). L'un

(*q*) Les Ordonnances sur le fait des
Masques commencent ainsi. « Pour le bien
» & utilité publique, franchise & liberté
» commune, il est permis à toutes gens,
» aller en Masque aux jours & heures
» ci-après déclairées ; fors & excepté
» aux Marchands & gens de basse condi-
» tion, auxquels le Masque est du tout
» deffendu, si n'est les veilles & jours
» de festes de leur paroisse, esquels jours
» leur est loysible en user, selon toutes
» fois qu'il sera dict ci-après. Et n'en

& l'autre vient du Celtique : *Mamua* ou *Momua*, Masque. *Piper* signifie au propre, contrefaire le cri des oiseaux ou de la chouette, pour les attirer ainsi sur des gluaux, où ils se prennent. On prend ce terme au figuré pour tromper, particulièrement au jeu. Les filoux pipent les Dés & les Cartes, pour les avoir toujours favorables. Ce mot vient de *Pipya*, qui en Celtique signifie, Piailler, crier comme les poussins, les oiseaux.

» tend-on par ce les priver d'aller en
» *Mommon*, en robbes retournées, bar-
» bouillés de farine ou charbon, faulx
» visage de papier, portant argent à la
» mode ancienne. « On lit *Mommeries* pour Mascarades, dans Froissart, (*vol. 4. c. 52.*) dans la vie du Chevalier Bayard, (*page* 124.) dans la discipline des Pré-tendus-réformés, (*c. 14. article 28.*) *Mommer* pour se masquer, dans Olivier de la Marche (*page* 237.) *Momerie* pour Mascarade se trouve encore dans la der-nière édition du Dictionnaire de Trévoux.

Du jeu de l'Hombre.

Ce jeu a été nommé par les Espagnols qui l'ont inventé, le jeu de l'Hombre ; c'est-à-dire, le jeu de l'homme ; voulant indiquer par-là, que ce jeu, à raison des profondes réflexions qu'il exige, est digne de l'homme. Ils l'appellent aussi le jeu de la Manille, du nom du second Matador.

Matador en Espagnol signifie Assommeur, tueur, meurtrier, massacreur. Certaines Cartes sont ainsi appellées à ce jeu, parce qu'elles semblent assommer les autres par leur valeur. Il y a trois Matadors naturels, Espadille, Manille & Baste. Les autres Triomphes peuvent devenir Matadors avec ceux-ci, pourvu qu'elles fassent une suite sans interruption : ainsi on en peut avoir neuf à la fois.

Le premier Matador est l'As de

Pique, qui se nomme *Espadilla*, Espadille, petite épée, diminutif d'*Espada*, Épée (*r*). Les Espagnols, en place de pique ou lance, mettent une épée sur leurs Cartes.

Le second Matador s'appelle Manille. *Man*, *Men* en Espagnol signifie petit (*ſ*). Manille est un

(*r*) Les Gaulois au rapport de Diodore de Sicile, appelloient leur épée *Spatha*. De là les Italiens ont fait *Spada*, les Espagnols *Espada*, les Flamans *Spet*, les Anglois *Spitt*, les Allemans *Spiſs*, les François *Espée*, ensuite *Épée*. Ce mot Gaulois s'est conservé dans notre Breton, où *Spaz*, *Spad*, signifie coupé : de là le *Spado* des Latins.

(*ſ*) Ce terme n'est plus usité dans cette langue ; mais il s'est conservé dans ses composés : *Menos* moins, *Menor* moindre ; *Mengua* diminution, *Menguar* amoindrir, appetiſſer : *Manutiſas*, *Menutiſas* petits œillets, *Menino* petit Page de cour, *Menique* le petit doigt, *Manada* troupe de menu ou petit bétail, *Mancebo* petit garçon, *Manceba* petite fille, *Menudo* petit, menu, *Mantones* les moindres plumes des

diminutif de *Man*, & veut dire par conséquent plus petit, plus petite. C'est véritablement ce qui est désigné par ce mot au jeu d'Hombre : la Manille est la plus petite des Cartes ; le deux en noir, le sept en rouge, parce que le sept est la dernière des Cartes dans cette couleur (*t*).

oiseaux. Les Espagnols ont pris le mot *Man* du Celtique, dans lequel il signifie petit.

(*t*) M. le Duchat rend ainsi l'étymologie de Manille. « On devroit dire » *Malile*, c'est-à-dire, la petite méchante, » parce que c'est la moindre de sa cou- » leur, quand elle n'est pas Triomphe. » C'est le second Matador qui est le sept » en rouge, & le deux en noir : elle ne » peut être forcée que par l'Espadille. Le » Dictionnaire Espagnol & Italien du » Franciozin : *Malila e il nove de danari al* » *giuoco de Tarochi che serve in ogne occa-* » *sion di punto in quel giuoco.* « Mais si on devoit dire *Malile*, comme le prétend M. le Duchat, les Espagnols chez qui ce terme est en usage pour un autre jeu, l'auroient sans doute dit. Cet

Le troisiéme Matador est l'As de Treffle : il s'appelle *Basto*, parce que les Espagnols en place de Treffle mettent sur leurs Cartes des bâtons qui se nomment *Basto* en leur langue (*u*).

L'As rouge, lorsqu'on joue en cette

Auteur a mal entendu le passage du Franciozin : le voici traduit à la lettre. *Malile est le neuf des deniers dans le jeu des Tareaux, qui sert en toute occasion de point en ce jeu.* Franciozin à la vérité ne s'explique pas bien : il falloit dire que cette Carte se met pour quel point l'on veut. Oudin, dans son Dictionnaire Espagnol-François, se fait clairement entendre : voici ses paroles. « Malile le neuf des » deniers au jeu des Tareaux, & le neuf » de Carreau aux Cartes, qui sert à tout » ce qu'on veut pour faire son jeu. On voit par-là que la Malile en Espagnol est ce que nous appellons la *Cométe*, qui s'emploie pour quel point l'on veut : autrefois le seul neuf de Carreau étoit la Cométe.

(*u*) De *Baz* qui en Celtique signifie Bâton.

couleur, est le quatriéme Matador ; & s'appelle *Ponte*, de *Punto* qui en Espagnol signifie Point, unité. L'As est effectivement l'unité ou le premier nombre de son espéce, que suivent le deux, le trois, jusqu'à dix.

Lorsqu'un joueur veut qu'on lui laisse venir la main, il dit *Gano*. Ce terme en Espagnol, signifie Desir, envie (*x*). On voit qu'on n'en pouvoit point employer de plus expressif pour marquer qu'on desire avoir la levée.

Quand l'Hombre fait moins de mains qu'un des deux joueurs, en Espagne celui qui gagne frape des coudes sur la table par manière de raillerie ; & de là *Codillo* Codille, de *Codal* ou *Codo* Coude, en Espagnol (*y*).

(*x*) On dit indifféremment en Espagnol *Gana*, ou *Gano*. Ce mot vient du Celtique *Gand* Desir.

(*y*) *Codo* vient de *Cwyd*, qui en Celtique signifie Coude.

Lorsqu'après avoir gagné Codille, on gagnoit le coup suivant en jouant soi-même, on appelloit cela autrefois Moquille : Codille Moquille, disoit-on. *Mochilla* en Espagnol, signifie un sac. On faisoit entendre par-là qu'un joueur qui gagnoit Codille lorsqu'un autre jouoit, & qui gagnoit en faisant jouer le coup suivant, avoit besoin d'un sac pour mettre son profit (*z*).

Lorsque celui qui joue à l'Hombre, à la Bête, &c. fait toutes les levées, on dit qu'il fait la Vole. *Voll* en Celtique signifie Tout, tous.

Triomphe. On nomme ainsi les Cartes de la couleur dont on joue, parce qu'elles l'emportent sur toutes les autres ; elles triomphent de toutes les autres.

A tout est un nom qu'on donne à la Triomphe dans tous les jeux de Cartes. Elle est ainsi appellée, parce

(*z*) *Mach* ou *Moch* en Celtique Sac.

L

qu'elle est supérieure à toutes les autres couleurs.

Du jeu du Hère.

Le Hère est un jeu où l'on ne donne qu'une Carte à chaque personne. On la peut changer contre son voisin, pourvu qu'il n'ait pas un Roi ; & celui à qui la plus basse Carte demeure perd le coup. L'As à ce jeu est la moindre des Cartes ; il fait toujours perdre celui à qui il reste dans la main : aussi quoiqu'on retienne quelque fois toutes les autres Cartes sans vouloir les changer, on ne garde jamais l'As que malgré soi ; tous les joueurs l'évitent autant qu'ils peuvent, tous le fuient. C'est à cause de cela que cette Carte est appellée le Hère, d'un terme Celtique que nous avons conservé en François, qui signifie misérable : le nom de cette Carte a formé celui du jeu. Le jeu de Hère est nommé à Paris le jeu du Roi qui parle, parce qu'un joueur peut forcer son voisin à changer sa Carte contre la sienne, à moins qu'il n'ait un Roi ; ce qu'il déclare tout haut.

Je termine ici ce petit Ouvrage, que j'ai composé dans ces momens où il est permis de ne rien faire, à plus forte raison de faire des riens.

F I N.

défenses à tous Imprimeurs, Libraires & autres personnes, de quelque qualité & condition qu'elles soient, d'en introduire d'impression étrangère dans aucun lieu de notre obéissance. À la charge que ces Présentes seront enregistrées tout au long sur le Registre de la Communauté des Imprimeurs & Libraires de Paris, dans trois mois de la date d'icelles : que l'impression dudit Ouvrage sera faite dans notre Royaume, & non ailleurs, en bon papier & beaux caractères, conformément à la feuille imprimée, attachée pour modelle sous le contre-scel des Présentes : que l'Impétrant se conformera en tout aux Réglemens de la Librairie, & notamment à celui du 10 Avril 1725 : qu'avant de l'exposer en vente, le Manuscrit qui aura servi de copie à l'impression dudit Ouvrage, sera remis dans le même état où l'Approbation y aura été donnée, ès mains de notre très - cher & féal Chevalier Chancelier de France, le sieur de Lamoignon, & qu'il en sera ensuite remis deux Exemplaires dans notre Bibliothéque publique ; un dans celle de notre Château du Louvre, & un dans celle de notredit très - cher & féal Chevalier Chancelier de France le sieur de Lamoignon ; le tout à peine de nullité des Présentes : du contenu desquelles vous mandons & enjoignons de faire jouïr ledit Exposant & ses ayant cause, pleinement & paisiblement, sans souffrir qu'il leur soit fait aucun trouble ou empêchement. Voulons qu'à la copie des Présentes, qui sera imprimée tout au long au commencement ou à la fin dudit Ouvrage, foi soit ajoûtée comme à l'original. Commandons au premier notre Huissier ou Sergent sur ce requis, de faire pour l'exécution d'icelles, tous Actes requis & nécessaires, sans demander autre permission, & nonobstant clameur de Haro, Charte Normande & Lettres à ce contraires. CAR tel est notre plaisir.

DONNÉ à Versailles le vingt-septiéme jour du mois de mai, l'an de grace mil sept cent cinquante-sept, & de notre Regne le quarante-deuxiéme. Par le Roi en son Conseil, *Signé* LE BEGUE.

REGISTRÉ sur le Registre XIV de la Chambre Royale des Libraires & Imprimeurs de Paris, N° 184, fol. 168, conformément aux anciens Réglemens confirmés par celui du 28 février 1723. A Paris ce 3 juin 1757. SAVOYE Adjoint.

De l'Imprimerie de P. VALFRAY Imprimeur du Roi.